Boris Cyrulnik

―――――――

De cuerpo y alma

Colección
Psicología

Otros títulos de Boris Cyrulnik publicados en Gedisa

Bajo el signo del vínculo
Una historia natural del apego

El amor que nos cura

Del gesto a la palabra
La etología de la comunicación en los seres vivos

El realismo de la esperanza (en colaboración)
Testimonios de experiencias profesionales en torno a la resiliencia

El murmullo de los fantasmas
Volver a la vida después de un trauma

El encantamiento del mundo

Los patitos feos
La resiliencia: una infancia infeliz no determina la vida

De cuerpo y alma

Neuronas y afectos: la conquista del bienestar

Boris Cyrulnik

*Traducción de
Alcira Bixio*

Título del original francés:
De chair et d'âme
© Éditions Odile Jacob, París, 2006

Traducción: Alcira Bixio

Primera edición: febrero de 2007

Derechos reservados para todas las ediciones en castellano

© Editorial Gedisa, S.A.
Av. Tibidabo, 12, 3o
08022 Barcelona
Tel. 93 253 09 04
gedisa@gedisa.com
www.gedisa.com

Preimpresión:
Fotocomposición 2000
Navas de Tolosa, 289 bis – 08026 Barcelona

ISBN: 978-84-9784-189-4
Depósito legal: **B.17473-2014**

Impreso en España
Printed in Spain

Queda prohibida la reproducción total o parcial por cualquier medio de impresión, en forma idéntica, extractada o modificada, en castellano o en cualquier otro idioma.

Índice

INTRODUCCIÓN 17

Epistemología del guisote 21
El pensamiento fácil consiste en elegir un campo, acumular conocimientos e ignorar lo que sucede en el otro bando. De ello se sigue una cojera lógica que da una imagen de hemiplejía de la psique humana. Este libro propone un método integrador de datos procedentes de disciplinas diferentes que evitará continuar separando el alma del cuerpo.

CAPÍTULO I
LOS MÓRBIDOS AFECTIVOS 25

Al abrigo de los pensamientos perezosos 27
La vulnerabilidad, ¿es biológica?

**La resonancia: nexo entre la historia de uno
y la biología del otro** 29
Un rasgo morfológico o de comportamiento del niño provoca una respuesta que depende de la historia del padre o la madre.

El gen del superhombre 33
Tanto en los monos como en los seres humanos, un conjunto

de genes permite el transporte de cantidades variables de serotonina, un neuromediador que lucha contra la depresión

Cerebro, masilla y cultura 36
La neurobiología hoy confirma la noción de apertura de vías, propuesta por Freud.

Biología del afecto: entre los monos y los humanos ... 39
Una alteración del medio modifica el estilo afectivo del pequeño de diferentes maneras según su propio transporte de serotonina.

Sociología de la vulnerabilidad 41
Un niño biológicamente «vulnerable» puede desarrollarse bien en un medio en el que un «invulnerable» se siente muy desgraciado.

Alerta pacífica 43
Un poco de angustia permite la adquisición de una rutina que, en nuestra cultura, conduce al éxito social.

Biología del apego 46
¿Cómo amar cuando uno está herido?

El problema de los niños sin problemas 49
¿Hay que curar a los niños aplicados?

CAPÍTULO II
LA FÓRMULA QUÍMICA DE LA FELICIDAD 53

Felicidad con nubes 55
Cuando la muerte de un niño es una historia de amor, cuando el dolor atroz se mezcla con la felicidad extrema, es necesario asociar el cerebro y la cultura para tratar de comprender esta singular paradoja.

Uno no sabe que sabe 58
No cobramos conciencia de todas nuestras percepciones ni de todas nuestras emociones.

Las zonas cerebrales del sabor del mundo 60
Los sentimientos de felicidad y de desdicha sin motivo dependen de las zonas del cerebro.

El enlace de la felicidad y la infelicidad 63
También en el cerebro, los extremos se tocan.

Sexo y memoria 66
Cuando uno desea a otro, la memoria biológica permite aprender «de memoria» todo lo referente a esa persona.

La memoria no es el retorno del pasado 69
Una representación de nuestra historia, un relato, estimulan la amígdala rinoencefálica, situada en el fondo del cerebro.

Biología de la separación 72
Una pérdida afectiva, aunque sea breve, modifica nuestras secreciones hormonales.

Las autopistas del afecto 74
Una pena estimula la misma zona cerebral que un dolor físico.

El placer ansioso de la partida y el placer aletargado del regreso 77
Cuando el temor de lo desconocido lleva al placer del descubrimiento, el retorno a lo conocido provoca un letargo tranquilizador.

El delgado hilo que une el alma al cerebro 80
El anuncio de una desgracia desemboca en la zona cerebral que percibe una quemadura

La nueva vida del difunto 82
La pérdida es irremediable pero el duelo depende de la cultura.

No todos los muertos son iguales 85
La manera de morir del ser querido participa en el modo en que hagamos el duelo. Perder al padre no es lo mismo que perder a la madre.

Biología de la pérdida afectiva 88
Independientemente de que uno sea mono, elefante o ser humano, la muerte de un prójimo modifica la electricidad cerebral y la secreción de hormonas.

Mitos y biología de la pérdida 91
El discurso cultural organiza el envoltorio sensorial que facilita el trabajo de duelo o lo impide.

CAPÍTULO III
LOS DOS INCONSCIENTES 95

Los caballos del inconsciente 97
Hace mucho tiempo que se sigue la huella de los dos inconscientes.

El inconsciente cognitivo no sabe que sabe.
El inconsciente freudiano se las arregla para no saber .. 101
La memoria del cuerpo no es la de nuestras representaciones.

La memoria sin recuerdo de los insectos y
de los sabios 104
Aguza las percepciones preferidas y provoca la aparición de inspiraciones inesperadas.

El envoltorio sensorial biológico 107
El nexo biológico entre dos almas es también un envoltorio de significantes.

El envoltorio sensorial histórico 109
Este envoltorio biológico está organizado por la idea que uno se ha formado de sí mismo con el otro.

El medio enriquecido de los titíes 113
Cuando el ambiente es rico en árboles, agua y escondrijos, el cerebro es mayor.

El sueño de los ciegos 116
Un ciego sueña con las imágenes que, en el pasado, impregnaron sus circuitos cerebrales.

La impronta sexual 120
Todo acto modifica la secreción de las hormonas que nos hacen sensibles al otro.

El efecto biológico de la palabra 122
El efecto afectivo de la palabra modifica el cerebro de la memoria y de las emociones.

Memoria prehistórica y recuerdos prohibidos 123
Memoria sin recuerdos posibles y memoria sin recuerdos evocados.

Los caballos que tiran en direcciones opuestas 125
Un caballo biológico y un caballo psicológico atados al mismo carruaje no tiran en la misma dirección.

Neurología del inconsciente ignorado 129
El mundo del que uno tiene conciencia no siempre es el que percibe.

Amor, maltrato y contrasentido afectivo 132
La galaxia afectiva puede proponerle al niño una relación de maltrato y otra de afecto

Resonar no es razonar 137
Un mismo hecho puede desbocarse en un medio y apagarse en otro

CAPÍTULO IV
LA PREOCUPACIÓN POR EL OTRO 141

Uno está mal cuando el otro sufre 143
¿Por qué nos ponemos en el lugar del otro cuando se siente mal?

La empatía animal 146
El proceso de desconcentrarse de uno mismo. La fundación de la moral, anterior al hombre

Afecto y empatía humanos 148
La habilidad cerebral para la empatía únicamente puede transformarse en realizaciones dentro de un envoltorio afectivo

Llegar a ser empático 152
Ante todo es necesario percibir al otro, desear imitarlo y luego refrenarse

Desear sin actuar prepara para el lenguaje 155
Un deseo satisfecho se extingue, un deseo contenido nos enseña a vocalizar

Para amar primero hay que ser salvado 158
Salvar y ser salvado son las dos situaciones que establecen la primer ligadura del vínculo afectivo

Estar en paz con uno mismo para decodificar mejor al otro 161
Los niños aislados por causas neurológicas o del ambiente no aprenden a decodificar los signos.

Mil maneras de preocuparse por otro 163
Ni tanto ni tan poco. Tanto el exceso como el defecto alteran la empatía.

Las empatías detenidas 166
Es necesario que otro nos atraiga para que la desconcentración de uno mismo lleve al desarrollo de la empatía.

Ponerse en el lugar del otro para acordar la palabra 169
Cuando uno comprende que lo que ve en el cuerpo del otro representa lo invisible, prepara una pasarela de lenguaje.

La empatía enferma 171
Cuando lo que percibimos en el cuerpo del otro no designa su alma, la empatía malformada llega a ser fuente de sentidos falsos.

Hay que estar loco para no creer en su delirio 174
Ver a otro comer le da al niño autista la sensación de que alguien lo toca.

Empatía y cine 176
Uno sabe que no es de verdad y sin embargo llora.

La carcajada desesperada 179
Cuando uno se opone demasiado violentamente a la tristeza, una carcajada puede avergonzarlo.

La historia da sentido a la empatía 180
Lo que comprendo de su mundo interior se carga de un sentido que procede de mi propia historia.

CAPÍTULO V
MATRIMONIO DE LA HISTORIA Y EL CEREBRO DE
EDAD AVANZADA 185

Vejez animal 187
Los animales envejecen como nosotros, pero no conviene hacer analogías.

**El desgaste de los cuerpos. Causas naturales
y culturales** 190
El desgaste está determinado genéticamente: no es lo mismo ser ballena, tortuga o ser humano. Pero también está determinado culturalmente: no es lo mismo ser aristócrata, docente u obrero.

La larga memoria de las personas de edad 193
Sin memoria, la vida pierde sentido como lo prueban los lobotomizados y las demencias frontotemporales.

Momentos privilegiados de nuestras reminiscencias .. 196
Las importantes huellas mnemónicas de los primeros años producen menos recuerdos que los picos de reminiscencia sexual y social.

Nuevas maneras de amar 199
La constelación afectiva de las personas de la tercera edad se modifica enormemente, como también lo que sienten por ella.

Dios y el apego 202
De la angustia al éxtasis divino. ¿Ama uno a Dios como ama a los hombres?

Dios y el amor sublime 205
    Cuando lo real nos tortura, el amor de Dios nos maravilla.

Cuando lo sublime se vuelve mórbido 208
    La muerte de Dios y el Dios totalitario.

La inversión de los apegos 210
    Compartir las creencias de las personas que amamos.

Morir no es perder la vida 214
    Morir es partir hacia un más allá desconocido. Perder la vida es dejar atrás todo lo conocido.

La interdicción de la musicología 216
    Sólo la música occidental es civilizada. La del señor Neandertal es una arqueomúsica.

Por una zoomusicología 218
    Polifonía entre los gibones, trino de pinzones y cultura musical de las aves.

Cómo la música modela el cerebro humano 220
    La apertura de circuitos neuronales de los primeros años aumenta el volumen de cerebro de las personas de edad avanzada.

Músicas o palabras 224
    La música rodea el lenguaje pero no es el lenguaje. Y persiste cuando el mal de Alzheimer borra la memoria de las palabras.

Extrañas memorias musicales 226
    Algunas enfermedades genéticas provocan una memoria musical asombrosa y extrañas sinestesias en los autistas y en los superdotados.

¿Podríamos vivir sin música? 228
Freud y el Che Guevara, para quienes la música era un ruido molesto, vivieron sin ella. Las personas de edad, gracias a las canciones, recobran el placer y la identidad de su juventud.

Vejez y cultura 231
Cuando la representación es lineal, la vejez es un naufragio. Pero cuando una cultura nos hace vivir en un tiempo cíclico, la demencia de Alzheimer no es una enfermedad.

MORALEJA DE LA HISTORIA 235

Debemos renunciar a la causalidad lineal. La invitación a descubrir los hallazgos de los otros impide caer en el dogmatismo. En una galaxia de determinantes, cada historia de vida es una aventura única.
El alma y el cuerpo son inseparables. «Los ojos de mi alma y de mi cuerpo no tienen lenguajes diferentes...»

INTRODUCCIÓN

Un día, hace ya muchos años, conocí a un grupo de sabios extraños y condescendientes. Cuando me presenté en el servicio de neurocirugía parisiense, donde acababa de ser nombrado, vi venir hacia mí al jefe y a su asistente. Ambos cojeaban.

Un poco después llegaron el interno, el externo y las enfermeras. También ellos cojeaban. No me atreví a expresar mi sorpresa en voz alta pero puedo asegurar que resulta bastante insólito ver a todo un servicio de médicos, de investigadores y de psicólogos desplazarse de un lado a otro renqueando ¡todos al mismo tiempo!

Pasé un año en ese servicio en contacto con gente apasionante. Conocían todo sobre el cerebro: su anatomía, su funcionamiento, las perturbaciones precisas provocadas por las heridas y, a veces, el medio de remediarlas. Sabían utilizar máquinas maravillosas que captaban la electricidad de las neuronas y otras que transformaban en colores las zonas cerebrales en el momento en que esos sectores trabajaban intensamente. Podían predecir, con sólo mirar la imagen del cerebro, qué movimiento se disponía a hacer la persona observada o qué emoción experimentaba ¡aun antes de que ella misma tomara conciencia!

Al cabo de un año, una amable secretaria me comunicó que no se me renovaría el contrato. En sus medias palabras creí entender que se me reprochaba no cojear.

Felizmente, conseguí de inmediato otro puesto en un servicio de psiquiatría de Alpes-de Haute-Provence. Cuando me presenté en el lugar, vi avanzar desde el fondo del corredor al jefe del servicio y a su asistente, que venían a recibirme. También ellos renqueaban pero no del mismo pie. Me resultó bastante insólito comprobar que tantos médicos, investigadores y psicólogos andaban uno junto al otro cojeando. Y me pregunté por qué no cojeaban del mismo pie.

Aquellos practicantes eran apasionantes. Conocían todo del alma, del espíritu: su nacimiento, su desarrollo, sus conflictos intrapsíquicos, sus aspectos subterráneos y los medios de explorarlos.

Pasé un año en contacto con aquellos sabios. Pero cuando una amable secretaria me dijo que no me renovarían el contrato, en sus medias palabras creí comprender que, una vez más, se me estaba reprochando no cojear. Me sentí muy irritado.

Por lo tanto, decidí protestar ante el Consejo nacional de practicantes, presidido por el profesor Joël Moscorici, el gran psicoanalista, y Donald Grosslöcher, el neurocirujano. Mientras los esperaba en la pomposa sala del Consejo, me sentía muy intimidado y cuando me puse de pie para recibirlos, quedé estupefacto al ver que ambos renqueaban, pero uno del pie derecho y otro del izquierdo.

Cuando fue pronunciada la sentencia, oí que en efecto yo no podía continuar ni en el servicio de neurología ni en el de psiquiatría porque no cojeaba.

Entonces dije: «¡Señores académicos, desengáñense. Ustedes creen que ando derecho pero, en realidad, cojeo de los dos pies».[1]

Mi confesión los desconcertó e intrigó al profesor Mutter, de Marsella, quien formaba parte del jurado y se sintió muy interesado, pues nunca había visto a nadie cojear de ambos pies. Se preguntó si esta manera extraña de andar no podría, llegado el caso, producir alguna idea nueva y me invitó a trabajar con él.

En aquella época, los neurólogos despreciaban a los psiquiatras que proponían psicoterapias a pacientes que sufrían

---

1. Fábula inspirada en *Les Philo-Fables* de Michel Piquemal, Albin Michel, París, 2003, págs. 72-73.

tumores cerebrales. Y los psiquiatras se indignaban cuando comprobaban que podían aliviar en unas pocas entrevistas a personas cuyos cerebros habían sido escudriñados por máquinas no siempre maravillosas.

Cada uno cojeaba de un pie diferente, eso era todo. Y se apoyaba preferentemente sobre una pierna hipertrofiada al tiempo que ignoraba la otra que se atrofiaba.

Este libro es el resultado del recorrido particular que siguieron algunos caminantes que cojearon de los dos pies por senderos de cabras.[2]

Epistemología del guisote

«Quienes creen en la materialidad del alma piensan como vacas. Quienes creen que el alma no tiene sustancia piensan todavía peor.»

SARAHA (siglo IX d. de C.)[3]

Desde la Grecia clásica, Occidente distinguió entre la energía animal que impulsa el cuerpo y la opuso a la razón que gobierna el espíritu. Esa posición facilitó el estudio del cuerpo, entendido éste como una cosa, y favoreció las bellas y elevadas concepciones de las almas etéreas.

Descartes, acusado de dualismo, extendió una pasarela al asegurar el alma sin sustancia a la bita de la epífisis, situada en medio del cerebro. Esta improbable ligadura convergió con la representación del hombre cortado en dos: la materia de su cuerpo estaba vinculada por un delgado hilo a su alma inmaterial.

---

2. Cyrulnik, B., «Les sentiers de chèvres et l'autoroute», en V. Duclert, *Quel avenir pour la recherche*, Flammarion, París, 2003, págs. 70-79.

3. Proverbio seguramente procedente de la sabiduría popular tomado de F. Varela, E. Thompson y E. Rosch, *L'inscription corporelle de l'esprit*, Seuil, París, 1993.

Los sorprendentes logros técnicos de las imágenes del cerebro asociados a la clínica neurológica y a la psicología hoy permiten abordar el problema de otro modo. Interrogando a investigadores de diferentes disciplinas, es posible aclarar los siguientes problemas:[4]

- Algunas personas parecen invulnerables. Soportan con una sonrisa las pérdidas y heridas inevitables de la existencia. Acaba de descubrirse que esas personas poseen un gen que facilita el transporte de serotonina, un neuromediador, una sustancia que lucha contra las emociones depresivas. ¿Existirá un gen de la resiliencia?* Los pequeños portadores de serotonina, ¿serían capaces de organizar un estilo de existencia apacible que no sólo evitaría la depresión sino que además permitiría que la persona se regocijara a pesar de todo?
- Un pensamiento fácil nos hace suponer que cuando uno es desdichado, basta con refugiarse en los brazos de la felicidad. La organización cerebral arroja una sombra sobre esta idea demasiado simple. Los circuitos neurológicos del dolor desembocan en zonas del cerebro lindantes con las zonas de las emociones felices. La orientación de las informaciones se desvía por el motivo más nimio. Un encuentro afectivo, un palabra o un circuito neuronal trazado en la infancia puede hacernos pasar de la felicidad a la pesadumbre.
- Cuando en el siglo XIX se descubrió el archipiélago del Inconsciente, Freud, al abordar la isla de la Represión, presintió que, en la bruma lejana, se perfilaban los acan-

---

4. El orden de los capítulos me parece lógico, pero si el lector prefiere evitar algunas páginas técnicas y se interesa más por las páginas existenciales, también puede leerlos en desorden.

* Resiliencia: en el campo de la psicología, capacidad del ser humano para sobreponerse a tragedias, períodos de dolor emocional o traumas.

tilados de la «Roca de lo Biológico».[5] En aquella época, las neurociencias no permitían navegar aquellas aguas distantes. Pero hoy las neuroimágenes[6] y los datos etológicos[7] envían sondas a esas profundidades. El explorador descubre entonces otro inconsciente, biológico, diferente del inconsciente freudiano y sin embargo asociado a éste de manera conflictiva, como dos caballos que tiran del mismo carruaje en direcciones opuestas.[8]

- Curiosa imposición de la condición humana: sin la presencia de otro no podemos llegar a ser nosotros mismos, como lo revelan en el escáner las atrofias cerebrales de los niños privados de afecto. Para poder desarrollar nuestras aptitudes biológicas estamos obligados a apartar la atención de nuestro centro a fin de experimentar el placer y la angustia de visitar el mundo mental de los demás. Para llegar a ser inteligentes, debemos ser amados. El cerebro, que era la causa del impulso hacia el mundo exterior, se transforma en la consecuencia de nuestras relaciones. Sin apego no hay empatía. El «yo» no puede vivir solo.[9] Sin empatía nos volvemos sádicos, pero demasiada empatía nos conduce al masoquismo.

---

5. Freud, S., «Analyse terminée et analyse interminable», *Revue française de psychanalyse*, n.º 1, 1937, págs. 3-38.

6. Neuroimágenes: fotografías del cerebro estático producidas por escáner o dinámico, producidas por la resonancia magnética nuclear (RMN).

7. Etología: biología del comportamiento. Método comparativo que reúne los datos genéticos, neurológicos, psicológicos, sociológicos y lingüísticos. Actitud pluridisciplinaria que permite estudiar los seres vivos (animales y seres humanos) desde una perspectiva evolutiva.

8. Platón, «Phèdre», *Œuvres Complètes*, tomo IV, Les Belles Lettres, 1961, págs. 79-81.

9. Perrin, F., «Le Jeu du Je ou l'éclat de Je éclaté», master II, Sciences du Langage, Niza, 2006.

- La vejez que acaba de nacer ya no es lo que era. La representación del tiempo se dilata cuando las personas de edad avanzada se preocupan por lo infinito y recuerdan su largo pasado. Su memoria diferente refuerza su identidad, optimiza lo que ya sabían y renuncia al conocimiento débilmente adquirido. Los ancianos redescubren a Dios, quien constituye para ellos una base de seguridad, mientras que la neuromusicología nos explica el misterio de un hombre que debe ser a la vez neurológico, emocional y profundamente cultural, con lo cual nos propone una nueva teoría del Hombre.

Hasta el momento, hemos fabricado una representación del hombre cortada en dos partes separadas. Sin embargo, es tan inconcebible un hombre sin alma como un alma sin hombre. Al final del libro, ¿podrá ese hombre andar sin cojear?

I
LOS MÓRBIDOS AFECTIVOS

Al abrigo de los pensamientos perezosos

El pensamiento perezoso es un pensamiento peligroso pues, al pretender haber encontrado la causa única de un sufrimiento, llega a la conclusión lógica de que lo único que hace falta es suprimir esa causa, lo cual rara vez es verdad. Este género de razonamiento es el que hacen quienes se sienten aliviados desde el momento mismo en que encuentran un chivo expiatorio: basta sacrificarlo para que todo marche mejor. El pensamiento del chivo expiatorio con frecuencia es sociobiológico: lo que hay que hacer es encerrar a los deficientes o impedir que se reproduzcan, lo que hay que hacer es responsabilizar a las familias de lo que está mal, lo que hay que hacer es separar a los niños de la madre mortífera.

Los caminos de la biología del apego, que reúne datos procedentes de diferentes disciplinas, pueden evitar semejantes razonamientos tajantes. Asimismo, la noción de *vulnerabilidad* me permitirá ilustrar de qué manera esa palabra pierde su poder de chivo expiatorio cuando es enfocada tanto desde un punto de vista biológico como sentimental.

Desde hace unos veinticinco años, encontramos en las publicaciones especializadas en psicología un número creciente de trabajos sobre la vulnerabilidad. Resultó pues conveniente reflexionar sobre su antónimo, la *invulnerabilidad*.[1] Ya en el prefacio a su obra, el psicoanalista James Anthony escribe

---

1. Anthony, E. J. y Cohler, B. J., *The Invulnerable Child*, The Guilford Press, Nueva York-Londres, 1987.

que «no existe un niño invulnerable» y que prefirió utilizar «el término *invulnerabilidad* en lugar de *resiliencia* con el propósito de sacudir el espíritu de los lectores».

Y lo consiguió. Todos los autores criticaron esta noción precisando que lo contrario de «vulnerabilidad» no es «invulnerabilidad» sino «protección». Cada edad posee su fuerza y su debilidad y los momentos no «vulnerados», sin heridas, de la existencia se alcanzan cuando la persona logra dominar factores de desarrollo, genéticos, biológicos, afectivos y culturales en permanente reorganización.[2] Afirmar que alguien es «invulnerable» equivaldría a decir ¡que es imposible herirlo! ¿Es eso acaso posible? Hasta los niños demasiado protegidos «pueden mostrarse vulnerables, mientras que otros, sometidos a acontecimientos traumáticos, tienen la posibilidad de no desorganizarse y de continuar construyendo su personalidad aparentemente sin perjuicio».[3] La mejor protección consiste tanto en tratar de eludir los golpes que destruyen como en evitar protegerse demasiado. Los caminos de la vida se sitúan en una cresta estrecha, entre todas las formas de vulnerabilidad, genéticas, de desarrollo, históricas y culturales. Este dominio de las vulnerabilidades no se refiere a la resiliencia puesto que, por definición, para resiliar una desgracia pasada hace falta precisamente haber sido vulnerado, herido, traumatizado, fracturado, desgarrado, haber sufrido esas lesiones cuyos nombres traducen el verbo griego *tritôskô* (agujerear, atravesar).[4] Además, uno puede descubrir en sí mismo y en el ambiente que lo rodea algunos medios para volver a la vida y retomar el camino del desarrollo, conservando al mismo tiempo en

---

2. Visier, J.-P., «Vulnérabilité», en D. Houzel, M. Emmanuelli y F. Moggio (comps.), *Dictionnaire de psychopathologie de l'enfant et de l'adolescent*, PUF, París, 2000.

3. *Ibíd*.

4. Theis, A., «Approche psychodynamique de la résilience», tesis doctoral, Nancy, 20 de enero de 2006.

la memoria el recuerdo de la herida. Entonces sí hablaremos de resiliencia.

La resonancia: nexo entre la historia de uno y la biología del otro

Un rasgo morfológico o una conducta determinada genéticamente determina a su vez las respuestas de los padres. Pero las réplicas adaptativas dependen de la significación que el padre o la madre atribuyan a ese rasgo.[5] La apariencia morfológica o de comportamiento del niño despierta un recuerdo de la historia parental y esta evocación organiza la respuesta afectiva con la que el padre o la madre rodean al niño. Un segmento de lo real vibra de manera diferente según la estructura del medio. Un rasgo anatómico o de temperamento, un gesto o una frase, resuenan de distinto modo según la significación que adquieran en un espíritu y no en otro, en una cultura y no en otra.

Los gemelos realizan experimentaciones naturales perfectamente éticas pues no es el observador quien las construyó. Cuando la señora D. dio a luz a sus gemelas no sabía que las niñas serían tan diferentes entre sí. Desde los primeros días, la joven madre comprobó que una era de carácter apacible y hacía con las manos delicados movimientos de bailarina javanesa, mientras que la otra era vivaz, fruncía el ceño y saltaba al menor ruido. Decidió llamar a la bailarina «Julie la Dulce» y a la dinámica, «Giuletta la Vivaz». Luego le explicó a su marido que «Julie la Dulce» tendría más necesidad de afecto que «Giuletta la Vivaz», quien le parecía más robusta. El ma-

5. Fonagy, P., «The interpersonal interpretative mechanism: The confluence of genetics and attachment theory in development», en V. Green (comp.), *Emotional Development in Psychoanalysis. Attachment Theory and Neuroscience*, Brunner-Routledge, Nueva York, 2003, págs. 107-126.

rido aceptó esta predicción, que se hizo realidad como consecuencia de las interacciones diferentes que la madre mantenía con cada bebé. A Julie la Dulce se le brindó una gran atención, pues la madre entendía que su delicadeza requería mayor afecto y a Giuletta la Vivaz se la mantuvo a cierta distancia. Un día, el marido le confesó a su mujer que tenía la impresión de que ella no se ocupaba del mismo modo de las dos gemelas. La señora D. le explicó que esa diferencia era necesaria porque Julie la Dulce era más vulnerable. Y agregó: «Me veo a mí misma cuando era niña. Y automáticamente la alzo en brazos... Giuletta es más fuerte, no me necesita tanto... Me deja más espacio... Cuando llora, sencillamente le digo: "Duerme"». Cada una de las niñas, nacidas de la misma madre, en el mismo momento, en el mismo contexto parental, se desarrollaba, sin embargo, en un mundo sensorial diferente. Julie la Dulce vivía en un ambiente donde siempre recibía auxilio rápidamente y estaba envuelta en un halo de calidez, en tanto que Giuletta se desarrollaba en un ámbito en el que el sostén afectivo llegaba tardíamente y en el que el cuerpo maternal que la envolvía se mantenía a distancia.

Las características de los diferentes temperamentos de las niñas despertaban en la madre un recuerdo diferente. La expresión de las emociones de ésta componía un envoltorio sensorial adaptado a cada hija: alzar en brazos, sonreír, hablar o dar seguridad con placer eran actos que arrebujaban a Julie la Dulce en un paño de tibieza. Cada gesto hallaba su razón de ser en la historia materna: «Cuando era niña, siempre tenía la impresión de que nadie me quería; íntimamente me decía que, cuando fuera grande, sabría cómo amar a un niño... Giuletta no me necesita tanto, satisface menos mi deseo de amar...».

La historia de la madre atribuye una significación particular a los rasgos del temperamento de los hijos. Podemos decir que el desarrollo de los significantes que orientan como un tutor los desarrollos biológicos del niño encuentran su razón de ser en la historia de la madre. Así es como una característica del temperamento, genéticamente determinada, entra en resonancia con la historia materna.

Dentro de veinte años, Julie la Dulce afirmará: «Teníamos una madre que nos ahogaba con su amor.» Y Giuletta la Vivaz se indignará recordando: «¡Cómo llorábamos! Nos dejaba solas en nuestro rincón».

Un rasgo del comportamiento también puede entrar en resonancia con un relato cultural: mediante test de conducta y psicológicos se estudió a una pequeña población de gemelos monocigóticos separados desde el nacimiento y criados en medios diferentes.

Cada una de estas parejas de niños que comparte la misma carga genética no comparte en absoluto el medio en el que se han desarrollado. Sin embargo, en cada evaluación, se ven aparecer cada vez más afirmados ciertos rasgos comunes.[6] El observador hasta se sorprende al descubrir estilos de apego idénticos aun cuando los gemelos hayan tenido padres adoptivos y ambientes de crianza diferentes y nunca se hayan encontrado. Los monocigóticos que se han criado separados adquieren una manera de querer, un apego del mismo estilo con más frecuencia que los gemelos dicigóticos criados también por separado.[7]

Si nos detuviéramos en esta selección de datos, podríamos convencernos de que los genes nos gobiernan. Pero si sumamos la información que pueden suministrarnos los médicos clínicos a la de los genetistas, llegamos a un resultado

6. Lykken, D. T., McGue, M., Tellegen, A. y Bouchard, T. J., «Emergenesis: genetic traits that may not run in families», *American Psychologist*, 47, 1992, págs. 1.565-1.577.

7. Finkel, D., Wille, D., Matheny, A. P., «Preliminary results from a twin study of infant-caregiver attachment», en J. Cassidy y P. R. Shaver (comps.), *Handbook of Attachment*, The Guilford Press, Nueva York-Londres, 1999, pág. 2.003.

con más matices. Basta con hacer el trabajo inverso y estudiar a niños de familias diferentes criados por una «madre» común. Esto es lo que ocurrió en Israel durante dos generaciones en las que niños procedentes de diversas familias fueron criados en los *kibbutzim* por madres profesionales, las *metapelets*, que vivían con ellos. Los sondeos de los comportamientos de apego, los cuestionarios y las entrevistas permiten afirmar que esos niños adquirieron un estilo de apego comparable. En ciertas familias profesionales ha habido muchos afectos distantes; en otras, el apego seguro es el que se ha entretejido mejor, mientras que en otras ha sido mayoritario el apego ambivalente. La adquisición de esos apegos diferentes depende de los estilos interactivos[8] mucho más que de la genética. El factor determinante genético no impidió que el medio marcara su huella y orientara la adquisición de un estilo afectivo.

Para explicar esta aparente oposición, podemos decir que hemos subestimado la genética en nombre de un combate ideológico. Estimábamos que era moral no rebajar al ser humano al nivel de sus determinaciones materiales. Y asimismo se subestimó la importancia del ambiente, que marca su impronta en la materia cerebral y modela su manera de percibir el mundo.

La inmensa variabilidad comienza desde el nivel genético. El hecho de que todos los seres humanos poseamos un ojo a cada lado de la nariz está ineluctablemente determinado por la genética. Pero el color de los ojos, muy variable, también está determinado genéticamente.[9] La heredabilidad

---

8. Sagi, A., Van Ijzendoorn, M. H., Aviezer, O., Donnell, F., Koren-Karien, E. N. y Harel Y., «Attachments in multiple-caregiver and multiple-infant environment: the case of the Israeli Kibbutzim», monografía de la Sociedad para la *Research in Child Development*, 60, n.º 2-3, Serie n.º 244, 1995, págs. 71-91.

9. Westen, D., *Psychologie. Pensée, cerveau et culture*, De Boeck Université, Bruselas, 2000, pág. 149.

es un legado que se expresa de manera cambiante. Desde el comienzo de la aventura humana, en cada estadio de nuestro desarrollo, debemos hacer transacciones con el ambiente que nos rodea, cada vez menos biológico y gradualmente más afectivo y cultural.

El gen del superhombre

El determinante genético de la vulnerabilidad fue detectado por primera vez en los seres humanos[10] y un año después entre los monos.[11] Se trata de una región localizada en el cromosoma 17 donde los alelos permiten la asociación de dos genes que tienen posiciones idénticas en cada cromosoma. Los alelos moldean las proteínas celulares que los rodean, desplegándolas o retorciéndolas, con lo cual les dan una forma particular. De ello se sigue que ciertos genes, al moldear proteínas largas, les permiten transportar mucha serotonina (5-HTT largo) mientras que otras serán pequeñas portadoras de serotonina (5-HTT corto). Sabemos que la serotonina desempeña una función esencial en el humor alegre o depresivo. En cantidad suficiente, favorece la transmisión sináptica y estimula los deseos, la motricidad, el uso de las funciones cognitivas, la vivacidad de los aprendizajes. Puede modifi-

---

10. Lesch, L. P., Bengel, D., Heils, A., Sabol, S. Z., Greenberg, B. D., Petri, S., Benjamin, J., Muller, C. R., Hamer, D. H. y Murphy, D. L., «Association of anxiety-related traits with a polymorphism in the serotonin transporter gene regulatory region», *Science*, 274, 1996, págs. 1.527-1.531.

11. Lesch, L. P., Meyer, J., Glatz, K., Flugge G., Hinney, A., Hebebrand, I., Klauck, S.M., Poutska, F., Bengel, D., Mossner, R., Riederer, P. y Heils, A., «The 5-HT transporter gen-linked polymorphic region (5-HTTLPR) in evolutionary perspective: alternative biallelic variation in rhesus monkeys», *Journal of Neural Transmission*, 104, 1997, págs. 1.259-1.266.

car el apetito, regular los estados del sueño lento y aumentar las secreciones neuroendocrinas. Cuando un organismo transporta y utiliza la serotonina, la persona dice que «se siente bien». Los «antidepresivos» apuntan a mejorar esta función. En efecto, los seres humanos y los monos que transportan poca serotonina son más lentos y más pacíficos durante los juegos y las competencias jerárquicas. Cuando sufren algún acontecimiento estresante, reaccionan de manera más emocional y desorganizan sus interacciones durante un tiempo más prolongado que los grandes transportadores de serotonina. Podría decirse que «el menor contratiempo los hiere».

Si detuviéramos nuestro razonamiento en este estadio del conocimiento, creeríamos que los genetistas acaban de descubrir el determinismo de la depresión: los pequeños transportadores de serotonina tendrían la tendencia genética a deprimirse por cualquier cosa. Pero, si buscamos más información en otras disciplinas, podremos deducir que los genetistas acaban de arrojar luz sobre un determinante, entre muchos otros.

Al comentar las imágenes funcionales del cerebro de una muestra pequeña de personas, el neurorradiólogo precisó que algunos individuos «encendían» la extremidad anterior del rinoencéfalo (cerebro de las emociones) más fácilmente que otros.[12] Los genetistas determinaron pues que quienes manifestaban una hiperactividad de la amígdala rinoencefálica eran precisamente los pequeños portadores de serotonina, los que se alarman por cualquier cosa.[13]

Este análisis de las neuroimágenes tiende a hacernos creer que el gen que gobierna la transmisión de la serotonina dirige también el funcionamiento del cerebro de las emociones. Pero,

---

12. Las referencias neurológicas indicadas con un asterisco (*) aparecen ilustradas en los esquemas de las págs. 241 y 242.

13. Haïri, *Arch. Gen. Psychiatry*, citado por Gina Devau, INSERM U-710, seminario «Biologie de l'attachement», Ardix, 14 de diciembre de 2005, París.

si sumamos un neuropediatra a esta investigación, él nos explicará que la creación de contactos dendríticos entre las células nerviosas crea circuitos neuronales cortos.* Esta formación de circuitos –que se produce a una velocidad impresionante (200.000 neuronas por hora durante los primeros años de vida)– es una respuesta del sistema nervioso, que se adapta a las estimulaciones del medio. Lo cual equivale a decir que las informaciones sensoriales que rodean al niño habrán de modelar una parte de su cerebro estableciendo nuevos circuitos.

Cuando la madre muere, enferma o se deprime y la familia o la cultura no organizan un sustituto materno, el medio sensorial del niño se empobrece enormemente. La creación de los circuitos cerebrales cortos se hace más lenta. El empobrecimiento del medio, provocado por el sufrimiento de la madre o por la deficiencia cultural, explica una parte de las atrofias frontolímbicas.* [14] Estos niños que se encuentran en situación de carencia afectiva quedan privados de las estimulaciones biológicas iniciales.

Otra causa de atrofia localizada del lóbulo prefrontal se atribuye a la modificación de las sustancias en las que está sumergido el cerebro. Hace treinta años, no se podía hablar de alcoholismo fetal porque la ideología de la época pretendía que el niño llegara al mundo en estado de cera virgen. El mero hecho de atribuir al alcoholismo de la madre las malformaciones identificables del cráneo y del rostro del niño se consideraba un pensamiento político subversivo que osaba afirmar que el recién nacido entraba en la vida con una inferioridad biológica.

Hoy se les recomienda a las futuras madres que no beban alcohol, que no fumen y no consuman cocaína a fin de no provocar una malformación del desarrollo de los circuitos

---

14. Évrard P., «Stimulations et développement du système nerveux» en J. Cohen-Solal y B. Golse, *Au début de la vie psychique. Le développement du petit enfant*, Odile Jacob, París, 1999, pág. 80.

cortos de las neuronas cerebrales y del macizo craneofacial. Cuando hay sustancias que perturban el crecimiento y la formación de circuitos neuronales, el niño adquiere una sensibilidad ajena al mundo que lo rodea. Su cerebro modificado procesa mal las informaciones, controla mal las emociones y responde a ellas con conductas mal adaptadas que trastornan el desarrollo de los ritos educativos.

La tercera causa de estas atrofias localizadas es la secreción de moléculas de estrés que se produce cuando el niño sufre los efectos de ciertas condiciones ambientales y que hacen estallar el cuerpo celular de las neuronas.

Cerebro, masilla y cultura

Estos conceptos recientes de la neurobiología demuestran que la ideología, la historia de las ideas y las creencias pintorescas no son ajenas al modo que tenemos de construir nuestros conocimientos. La germinación de las neuronas (en el sentido vegetal), la conexión de los cuerpos celulares, la arborización de las dendritas, el modelado de las sinapsis,* todo ese tendido eléctrico y químico es el resultado de la suma de un punto de partida genético que da el cerebro y un baño sensorial organizado por la conducta de los padres. Ahora bien, estos gestos y estos ritos que rodean la primera crianza y estructuran una parte del cerebro del niño tienen su origen en la historia parental y en las reglas culturales.

Lo cierto es que Freud ya había expresado claramente esta idea en relación con el «camino despejado»: «La excitación de una neurona [al pasar] a otra debe vencer cierta resistencia [...] [más tarde] la excitación optará preferentemente por la vía ya abierta y no por la que no lo está».[15]

---

15. Laplanche, J. y Pontalis, J.-B., *Vocabulaire de la psychanalyse*, PUF, París, 1967, pág. 172.

El estudio de la migración de las neuronas muestra hoy claramente que los «axones pioneros» envían arborizaciones de dendritas cuyo circuito han formado ya las interacciones cotidianas. Los axones parten en busca de otras neuronas con las cuales establecen vías facilitadas, con lo cual confirman la intuición freudiana.

La proliferación neuronal llega a ser tan compacta que la corteza se pliega como un papel arrugado formando una bola para poder entrar en la caja craneana. La apertura de recorridos entre las neuronas continúa siendo prodigiosa durante los primeros años de vida, durante los cuales el peso del cerebro se multiplica anualmente por cuatro. Luego ese crecimiento se lentifica antes de experimentar una reactivación en la pubertad, cuando se produce una «poda sináptica y dendrítica»[16] bajo el doble efecto del surgimiento hormonal y de los encuentros amorosos. A esa edad, lo que moldea el cerebro ya no es la madre sino la aventura sexual. Esta poda proporciona la prueba de que existen circuitos cerebrales que crean un modo de reacción privilegiada cuando «la excitación opta preferentemente por la vía ya abierta y no por la que no lo está», como decía Freud.

El ambiente es lo que modela la masa cerebral y da forma a lo que, sin él, no sería más que una materia informe, sin circuitos. Por efecto de las interacciones precoces, el cerebro adquiere una manera de ser sensible al mundo y de reaccionar a él. Las neuronas del hipocampo* son las que más reaccionan a este proceso que cumple una importante función en los circuitos de la memoria y en la adquisición de aptitudes emocionales. Estos datos neurológicos permiten comprender por qué una carencia afectiva precoz que atrofie esta zona del cerebro conlleva una perturbación de las conductas y de las emociones.

---

16. Bee, H. y Boyd, D., *Psychologie du développement. Les âges de la vie*, De Boeck, Bruselas, 2003, pág. 299.

La integración de los datos genéticos, neurológicos, etológicos y psicológicos nos permite ahora preguntarnos si un gran transportador de serotonina reacciona a la carencia afectiva de la misma manera que un transportador de cantidades pequeñas.

Como sabemos que los circuitos de ciertas redes de neuronas dependen del baño sensorial del ambiente, podemos proponer la hipótesis de que un gran transportador de serotonina, ese neuromediador que posee un efecto antidepresivo, probablemente sufra menos alteraciones por una carencia del medio. ¿Podemos hablar en este caso de un gen de la resiliencia?[17] Un transportador de poca serotonina, fácil de herir, ¿podrá, por el contrario, fortalecerse en virtud de estimulaciones precoces que establezcan esos circuitos frontolímbicos, como ya se hace actualmente para fortalecer a los bebés prematuros?[18] En este caso, estaríamos autorizados a hablar de un recurso externo de la resiliencia, sabiendo como sabemos que, en ambos casos, la neuromodulación es una variante de la plasticidad cerebral de los primeros años.[19] De acuerdo con este concepto, verificado por las imágenes cerebrales y los test neurológicos, la experiencia adquirida durante ciertas rutinas de la existencia optimiza los circuitos formados en la primera infancia y hasta puede mejorarlos con la edad.

El análisis de las etapas químicas intermedias permite afirmar que es imposible que un gen pueda codificar una conduc-

---

17. Caspi, A., Sugden, K., Moffit, T. E., Taylor, A., Craig, W., Harrington, H., McClay, J., Martin, J., Braithwaite, J. y Poulton, R., «Influence of life stress or depression: Moderation by a polymorphism in the 5-HTT gen», *Science*, 31, 2003, págs. 386-389.

18. Ramey, C., «Enhancing the outcomes of low-birth-weight, premature infants. A mutilsite, randomized trial», *JAMA*, 263, 1990, págs. 3.035-3.042.

19. Évrard, P., Marret, S. y Gressens, P., «Genetic and environmental determinants of neocortical development: clinical applications», en A. M. Galaburda y Y. Christen, *Normal and Abnormal Development of the Cortex*, Ipsen Foundation, Berlín, 1997, págs. 165-178.

ta. Entre un gen y una conducta convergen mil factores determinantes de naturaleza diversa que refuerzan o debilitan la etapa siguiente del desarrollo. Tal razonamiento, que toma en consideración una cascada de causas, explica por qué una anomalía genética codificada puede no expresarse cuando otros genes producen una secreción de sustancias protectoras. Estamos lejos de la fatalidad genética de la que quieren persuadirnos quienes se complacen en una visión del hombre sometido a la dictadura biológica. La resiliencia existe desde el nivel molecular, como una posibilidad de desarrollo sano aun cuando haya una anomalía genéticamente codificada. Así es como se da la partida de la carrera por la existencia.

Biología del afecto: entre los monos y los humanos

Durante la Segunda Guerra Mundial, los psicoanalistas Anna Freud y René Spitz describieron la detención del desarrollo y la muerte de niños sanos, aislados accidentalmente después de los bombardeos de Londres.[20]. En 1950, John Bowlby precisó que la carencia afectiva podía explicar ciertas alteraciones biológicas.[21]. En la década de 1960, la pareja Harlow demostró experimentalmente que el hecho de privar a un mono macaco pequeño de la sencilla presencia de otros monos alteraba todas las facetas de su desarrollo, pero que aquel podía recobrar el ritmo evolutivo si se lo dejaba simplemente en presencia de otros monos pequeños alterados.[22]

---

20. Spitz, R., «Anaclitic depression», *Psychoanalytic Study of the Child*, II, International University Press, Nueva York, 1946.
21. Bowlby, J., «Maternal care and mental health», *WHO*, monografía n.° 2, World Health Organization, Ginebra, 1951.
22. Harlow, H. F., «Age-mate or affectional system», en D. Lehrman, R. Hinde y E. Shaw (comps.), *Advances in the Study of Behavior*, Academic Press, vol. 2, Nueva York, 1969, págs. 334-383.

Estas experiencias de privaciones afectivas resiliadas por una «psicoterapia» de cuerpo a cuerpo sorprendían enormemente a los investigadores. No todas las especies manifiestan la misma vulnerabilidad al aislamiento y, en una misma especie, no todos los individuos son vulnerables a la pérdida afectiva. Algunos monos, aunque muy alterados, dejan de balancearse y autoagredirse para retomar rápidamente sus juegos y exploraciones desde el momento en que la existencia vuelve a ponerlos en presencia de un congénere que los hace sentir seguros. Otros monos, por el contrario, no logran reengancharse en el proceso de maduración. Recientemente se ha dado la respuesta a esta comprobación clínica: los macacos que obtienen mayores beneficios de una presencia tranquilizadora y dinamizante son los grandes portadores de serotonina (los que genéticamente poseen un largo alelo 5-HTT).[23]

Los 5-HTT cortos, los pequeños transportadores de serotonina, tienen dificultades para recuperarse. Cuando estos monos se desarrollan en un grupo estable en contacto con una madre que les brinda seguridad, se advierte un estilo particular de socialización: enloquecen a la menor separación, reaccionan de manera muy emocional, lanzan alaridos muy agudos, sufren manifestaciones somáticas, taquicardia, anorexia, diarreas y se mueven haciendo trayectorias desordenadas. En el transcurso de sus interacciones cotidianas, el temor los impulsa a agredir a sus congéneres. Después de los juegos infantiles que terminan mal, después de algún conflicto jerárquico, tardan mucho en calmarse. Todo contacto con la madre revela un apego difícil, intenso y conflictivo.

Los grandes transportadores de serotonina, por el contrario, juegan y exploran sin dificultad desde el comienzo en presencia de la madre y cuando ella no está, después de un

---

23. Suomi, S. J., «Attachment in Rhesus monkey», en J. Cassidy y P. Shaver, *Handbook of Attachment*, The Guilford Press, Nueva York-Londres, 1999, págs. 181-197.

breve momento de desorganización, parten en busca de otra hembra (una «tía», dicen los primatólogos), candidata a cumplir el papel de madre adoptiva, junto a la cual van a adquirir seguridad. Después de los juegos bruscos o de las peleas perdidas, olvidan rápidamente su ligero pesar.

El transporte desigual de serotonina, ¿podría explicar la diversidad de las reacciones afectivas y de conducta que manifiestan los niños abandonados? El pensamiento dictatorial de Ceaucescu provocó el abandono de numerosos niños. Los que fueron derivados al seno de familias que les brindaron contención «alcanzaron un nivel intelectual normal y lograron integrarse socialmente».[24] Pero los que fueron aislados y enviados a una cuarentena de instituciones, casi en la totalidad de los casos, sufrieron graves alteraciones biológicas, emocionales y de conducta. Lo sorprendente es que, en una misma situación de enorme privación afectiva, entre un 10 y un 20 por ciento continuaron expresando un apego sereno (cuando en la población general se registra un 66 por ciento). En conjunto, los niños alterados colocados en adopción en una familia retomaron un desarrollo resiliente, en algunos casos excelente y en algunos otros catastrófico. El transporte de la serotonina, antidepresivo natural, ¿basta para explicar estas reacciones y estas evoluciones a veces opuestas?

Sociología de la vulnerabilidad

Semejante explicación nos haría recaer en la causalidad exclusiva que tanto criticamos. Al buscar otras explicaciones en el ámbito de otras disciplinas y con ayuda de otros practican-

---

24. Ionescu, S. y Jourdan-Ionescu, C., «La résilience des enfants roumains abandonnés, institutionnalisés et infectés par le virus du sida», en M. Manciaux (dir.), *La Résilience. Résister et se construire*, Médecine et Hygiène, Ginebra, 2001, pág. 96.

tes, nos fue fácil descubrir que ciertos niños conseguían sentirse seguros recurriendo a actividades rutinarias. Otros, por el contrario, procuraban vivir situaciones intensas y se cargaban de ese tipo de actividades. Estas reacciones opuestas de adaptación respondían a estrategias de existencia diferentes. En caso de pérdida afectiva, los niños con bajos niveles de serotonina reaccionan dolorosamente. Su sensibilidad extrema a la pérdida los impulsa a buscar una manera de vivir apacible que les permita equilibrarse tendiendo lazos afectivos estables y tranquilizadores. El menor acontecimiento es para ellos un gran estimulante. En ese contexto sin sobresaltos organizan una vida tranquila. Los adultos consideran que es fácil amarlos y escolarizarlos. En las mismas circunstancias, los grandes secretores del antidepresivo natural se mueren de aburrimiento. Buscan situaciones extremas con el propósito de que la intensidad emocional que estas experiencias pueden proporcionarles los haga sentirse vivos.[25]

La capacidad para sufrir una pérdida lleva al pequeño transportador de serotonina a equilibrar su vulnerabilidad mediante una vida estable y algunos vínculos confiables. Mientras que el gran transportador –mal denominado invulnerable– tendrá necesidad de correr riesgos para poder sentir que existe. Así es cómo, a veces, desequilibra su vida y rompe voluntariamente sus vínculos porque no siente que los necesite demasiado. Muchos vulnerables logran organizar vidas afectivas pacíficas y proyectos de existencia interesantes. Nuestra cultura, que valora en exceso la escuela, aprecia ese estilo de existencia. Yo mismo conozco a muchos invulnerables que, a fuerza de ponerse a prueba, terminaron agotándose o arruinándose psíquicamente. Después de una juventud intensa, tienen hoy vidas solitarias, sin proyectos, sin sentido, sin placer ni sufrimiento.

---

25. Altman, J., «Neurobiologie de prise de décision», *Alzheimer Actualités*, n.º 95, enero de 1995.

La palabra «vulnerable» –que se ha elegido para designar el descubrimiento del «5-HTT corto» genético, el bajo nivel de transporte de serotonina– es una palabra tramposa. Su elección implica una ideología implícita[26] de la dominación que pretende que los seres vivos débiles en serotonina estarían condenados a la inferioridad, mientras que los grandes transportadores estarían destinados a convertirse en los jefes.

Probablemente la palabra adecuada para designar este descubrimiento de la genética sea sencillamente «sensibilidad». Los pequeños transportadores de serotonina, sensibles a los acontecimientos y a las pérdidas afectivas, para ser felices, tienen necesidad de organizar una vida estable, en una familia, en una sociedad en paz. Mientras que los grandes transportadores, menos emocionales, más difícilmente estimulables y menos heridos por las pérdidas, se desarrollan felices en familias y sociedades inestables en las que cada día sobrevienen situaciones y conflictos que es necesario superar.

El desarrollo de los monos está estructurado por el medio que los forma. Un mono genéticamente emocional estará orientado a una posición de sometimiento en la dominación jerárquica. En cambio, los hombres modelan el medio que los modela. Un niño genéticamente sensible podrá desarrollarse convenientemente en un medio estable y hasta podrá llegar a ocupar una posición dominante gracias al poder social que dan los diplomas y el trabajo rutinario.

Alerta pacífica

Entre los seres humanos, las estructuras sociales pueden reorganizar estas aptitudes biológicas. Un niño sensible, equilibrado por un medio estable, hasta puede convertir su «vulne-

---

26. Collins, J. y Glover, R. (comps.), *Collateral Language*, New York University Press, Nueva York, 2002.

rabilidad» en fuerza. Ciertos niños amables y agradables, fácilmente queribles, experimentan el primer día de clases como una separación angustiosa, casi traumática. Sus marcadores biológicos de estrés están alerta porque el alejamiento del medio familiar los sumerge en un ambiente desconocido que los inquieta hasta el punto de desorganizar la secreción de sustancias como el cortisol y las catecolaminas. Para poder hallar la calma, aumentan la conducta autoconcentrada, evitan mirar directamente a los ojos, se chupan el pulgar, se balancean, se apartan del grupo, se frotan la nariz con un muñeco de trapo, pierden el apetito y sufren molestias estomacales. Pero, por la noche, en casa, en el momento del reencuentro tranquilizador con las figuras de apego y los objetos familiares, aumentan sus manifestaciones de afecto. Los padres, encantados, gratificados en su papel de protectores, dicen que el niño o la niña es adorable. Gracias a ese recurso afectivo, el niño aprende poco a poco a sentirse seguro en la escuela, a seducir al docente que antes le inspiraba temor. Todos quedan contentos y el niño se desarrolla bien justamente porque es sensible y hasta, probablemente, angustiado. El hecho de tener que apaciguarse aumenta sus comportamientos de apego y su regularidad en la escuela. Mejora las relaciones sociales y familiares y así los buenos resultados escolares terminan siendo un beneficio secundario de su angustia. Este niño sin problemas sacó un beneficio de su «vulnerabilidad».

Hay que destacar que ser emotivo no significa ser inseguro afectivamente. Hasta podríamos decir lo contrario: alertados por su temperamento sensible, estos niños obtienen sus recursos de la base afectiva parental. Para tejer los primeros lazos del vínculo, ¿será necesario acaso que el niño haya estado angustiado y haya encontrado a la persona que pudo darle paz? Una alerta apaciguada, un pesar consolado, al darle a la figura de apego un poder tranquilizador, permiten recobrar la confianza en uno mismo y experimentar el placer de salir en busca de lo desconocido. Un doble movimiento que explica la ambivalencia de las relaciones humanas: tengo que estar angustiado a fin de vincularme con la persona que me hace sentir seguro y me da la fuerza ¡para dejarla!

Cuando los padres abandonan a un hijo, lo privan de la base de seguridad que le habría dado el placer de amar y de aprender. Cuando los padres, por el contrario, cercan al niño hasta el punto de encerrarlo en una prisión afectiva, determinan una situación de empobrecimiento sensorial que lo debilita considerablemente. Esa persona vivirá luego «toda separación como una amenaza de pérdida».[27]

Pero cuando un niño sensible encuentra una base de seguridad afectiva, el inevitable estrés de la existencia se transforma en fuerza afectiva y socializante. La conjunción de los datos genéticos, emocionales y sociales nos impide hablar de un gen de la vulnerabilidad, de un gen del jefe o de un gen de la resiliencia.

Aun cuando el determinante genético sea muy marcado –como en el caso de la esquizofrenia–, la organización social puede llegar a tener el efecto de un factor de protección... o de agravamiento Cuando asistimos al derrumbe esquizofrénico de un joven, vemos que sus allegados se sorprenden: «¡Era tan amable, una persona tan educada!». La familia, desesperada, trata de salvar la imagen del joven mostrando una libreta de calificaciones escolares excepcional, sobre todo en las materias que requieren una inteligencia abstracta como la matemática o la filosofía. Pero los hermanos atestiguan que tenía dificultades para establecer un vínculo de complicidad afectiva y los compañeros de clase describen su extraño carácter de buen alumno que no sabía jugar ni hacer tonterías.

Podemos interpretar esta comprobación clínica diciendo que el hecho de refugiarse en los libros, que le permitía mejorar los resultados escolares, también lo desocializó y provocó

---

27. Bouteyre, É., *Réussite et résilience scolaires chez l'enfant de migrants*, Dunod, París, 2004, pág. 27.

su derrumbe psicótico. Pero también podemos decir que el niño, futuro esquizofrénico, evitó la socialización dolorosa gracias a una investidura excesiva de la escuela.[28] El mero hecho de refugiarse en su habitación para estudiar le permitía evitar las relaciones sociales que habrían puesto su vulnerabilidad al descubierto. En el momento de inflexión de la adolescencia, cuando el joven debe apartarse de su familia para alcanzar la autonomía e ir en busca de su desarrollo, la protección de los libros se revela insuficiente. Sin la escuela, ¿se habría hundido antes? ¿Le permitieron los libros sustraerse más fácilmente al trato social? La rutina necesaria para obtener buenos resultados en la escuela, ¿enmascaró el empobrecimiento de las interacciones afectivas?[29] La escuela, que en este caso constituye un factor de protección contra la esquizofrenia, no puede considerarse un factor de resiliencia, puesto que no ha habido ni desgarro traumático ni recuperación evolutiva. Y hasta podría afirmarse lo contrario: esta protección aislante que admiraba a los adultos le impidió aprender la sociabilidad y los juegos preparatorios del encuentro sexual.[30]

Biología del apego

Una biología del apego tendrá que referirse pues a la conjunción de varios determinantes genéticos (pero en ningún caso a un «programa genético»):

28. Isohanni, I., Jarvelin, M. R., Jones, P., Jokelainen, J., «Can excellent school performance be a precursor of schizophrenia? 28-year follow-up in the Northern Finland 1966 birth control», *Acta. Psych. Scand.*, 100, 1999, págs. 17-26.
29. Azorin, J.-M., «Le regard de l'expert, interview de Jordi Molto», *Inter Psy*, n.º 1, marzo de 2004.
30. Parnas, J., Janssen, L., Sass, L. A. y Handest, P., «Self-experience in the prodromal phases of schizophrenia. A pilot study of first admissions», *Neural Psychiat. Brain Res.*, 6, 1998, págs. 97-106.

- que adquirirían formas de desarrollo diferentes
- según el «envoltorio» sensorial,
- que está compuesto por las figuras de apego (quienes prodigan cuidados, los personajes significativos, las instituciones y relatos culturales).

Los macacos pueden servirnos para ilustrar este razonamiento. Cuando se los aísla desde su nacimiento, es posible predecir en esos pequeños monos la aparición cronológica de conductas autocentradas (protesta, desesperación, indiferencia). Puede fotografiarse con el escáner la atrofia cerebral localizada frontolímbica. Se puede medir la caída de las hormonas del crecimiento y de las hormonas sexuales que cumplen una función esencial en el aumento del tamaño y del peso y en la diferenciación de las morfologías, lo cual prueba, una vez más, que la mera presencia de un compañero constituye un estimulante biológico. Estos monos pequeños con el desarrollo alterado fueron colocados luego en un grupo de compañeros de la misma edad y mejoraron. Más tarde fueron llevados a las condiciones naturales de un grupo grande de su especie donde pudieron relacionarse con otros macacos de su edad criados normalmente en contacto con sus madres.[31]

Desde el momento mismo en que se los reagrupa, los monitos alterados por la privación se precipitan hacia sus compañeros y se abrazan con el propósito de darse mutuamente seguridad. Se puede entonces predecir y medir la disminución rápida de las alteraciones biológicas, neurológicas y de conducta: las secreciones biológicas alcanzan la tasa normal para la edad, el cerebro vuelve a henchirse y las actividades autocentradas desaparecen. Sin embargo, cuando se compa-

---

31. Harlow, H. F., «Age-mate or peer affectional system», en D. S. Lehrman, R. A. Hinde y E. Shaw (comps.), *Advances in the Study of Behaviour*, New York Academic Press, vol. 2, 1969, págs. 333-383.

ran las dos poblaciones, se advierte que los que estuvieron aislados precozmente permanecen muy apegados, agarrados permanentemente uno de otro. En cambio, los pequeños que fueron criados por sus madres son más juguetones y más exploradores. Los monos con carencia precoz juegan con menos frecuencia y menos tiempo y a menudo esos juegos terminan en riñas. El observador ingenuo, que no sabe por qué esos pequeños son tan excesivamente apegados, los juzga más afables que los monos criados normalmente. Sólo el primatólogo sabe que el apego exagerado del pequeño mono es la prueba, mediante la conducta, de que la base de seguridad funcionó mal. Es consciente de que el punto de partida afectivo falló y que la base de seguridad proporcionada por los compañeros, si bien permitió que el macaco retomara el desarrollo, es menos eficaz que la que puede ofrecer una madre que brinda alegría.

La timidez podría constituir un indicador de transacción difícil. Un ser vivo puede hacerse temeroso porque es genéticamente emotivo o porque ha sufrido una carencia afectiva precoz. El apego excesivo que da seguridad y alivia al pequeño carente, al mismo tiempo lo aprisiona. Se siente mejor, pero esta manera de hallar la paz le impide aprender a socializarse jugando. El sentimiento de seguridad que le brindan los compañeros provoca una resiliencia biológica, pues las hormonas y las neuronas vuelven a ponerse en funcionamiento. La resiliencia también se manifiesta en la conducta puesto que desaparecen las actividades autocentradas. Pero no podemos hablar de resiliencia emocional[32] ya que el pequeño carente de afecto conserva en su memoria una extre-

---

32. Suomi, S. J., «Influence of Bowlby's attachment theory on research on nonhuman primate behavioral development», en S. Goldberg, R. Muir y J. Kerr (comps.), *Attachment Theory: Socio-Developmental and Clinical Perspectives*, Analytic Press, Hillsdale, Nueva Jersey, 1995, págs. 185-201.

mada sensibilidad ante el otro. Lo familiar le brinda seguridad hasta el punto de aprisionarlo, en tanto que lo desconocido lo angustia, lo hace sentir en peligro. El pequeño se ha transformado en un jugador incompleto que no tiende a conquistar el mundo, que depende de quienes le tranquilizan y que agrede por temor a quienes se le acercan en actitud agresiva... queriendo jugar.

Hay una confluencia de causas que determinan este proceso. Cada especie vive en un mundo que le es propio, cada individuo tiene una sensibilidad genética y adquirida que hace que el mundo tenga para él un gusto dulce o amargo, divertido o enloquecedor, pacífico o afiebrado. Las circunstancias determinan que un animal herido tenga una evolución reparadora o que agrave su situación. En el hombre, la reorganización del acontecimiento a través de las imágenes y de las palabras agrega una posibilidad de hacer un trabajo de liberación... ¡o de alienación!

El problema de los niños sin problemas

Todo esto equivale a decir que un determinante genético, por poderoso que sea, no predice forzosamente una patología biológica o psicológica[33] pues la articulación de los genes entre sí, sumada al medio ecológico y a las circunstancias de la existencia, toma formas variables de resiliencia o de agravamiento, según las conjunciones. Esto explica que un proceso que en un momento es de adaptación, en otro sea de inadaptación.

El devenir de los niños aplicados no siempre predice una felicidad eterna pues, con seguridad, intervendrán en su

---

33. Suomi, S. J., «Early stress and adult emotional reactivity in rhesus monkeys», en D. Barker (comp.), *The Childhood Environment and Adult Disease*, Wiley, Chichester, Inglaterra, 1991, págs. 171-188.

existencia conmociones que lo pondrán a prueba. Habitualmente, los investigadores se sienten atraídos por las patologías y es por ello que recientemente un grupo de especialistas portugueses tuvieron una rara idea: siguieron a conjuntos de niños que ¡iban bien! Durante doce años se preguntaron qué problemas tenían los niños sin problemas.[34] La respuesta fue, como era de esperar, que los niños aplicados y tranquilos se transformaron en adultos bien socializados, sin perturbaciones graves de la personalidad. Pero grande fue la sorpresa cuando comprobaron que los niños modelo (más las niñas que los varones) se habían convertido en adultos ansiosos y más frecuentemente deprimidos que los niños normalmente difíciles, aquellos que provocaban pequeños conflictos sin manifestar perturbaciones en la personalidad. Antes de la adolescencia, los varones suelen ser hospitalizados con más frecuencia que las niñas porque corren más riesgos. Se los lleva más a la consulta psicológica porque son más difíciles. Pero después de la adolescencia, la tendencia se invierte: las mujeres consumen más cuidados médicos y demandan más ayuda psicológica. ¿Por qué las mujeres suelen ser más frecuentemente niñas modelo? Los cromosomas femeninos XX, ¿inducirían un desarrollo más fácil como sugieren algunos genetistas? Las niñas, ¿se someten más dócilmente a las normas sociales mientras que los varones vacilan menos antes de rebelarse? ¿Se debe a que a ellas se les oponen más obstáculos, como sostienen las feministas? ¿Se adaptan más apaciblemente a la escuela porque son más temerosas, más sumisas e inteligentes o porque están más determinadas a adquirir la autonomía que les ofrecen hoy los diplomas? El niño aplicado, ¿ha catectizado excesivamente la escuela pa-

---

34. Fonseca, A. C., Damiao, M. H., Rebelo, J. A., Oliviera, S. y Pinto, J. M., «Que deviennent les enfants normaux?», Universidad de Coimbra, Congreso de psicopatología del niño y el adolescente, París, 29 de octubre de 2004.

gando el precio de su placer de vivir? Y esta amputación, ¿lo impulsó a transitar la vía de la depresión?

Sea cual sea la interpretación de estos datos estadísticos, el precio de ser un niño dócil y diligente es elevado: los pequeños transgresores (el 30 por ciento de las niñas y el 60 por ciento de los varones)[35] muestran una seguridad en sí mismos que, si bien los hace más difíciles de criar, los transforma en adultos autónomos.

Un razonamiento transaccional permite comprender por qué una misma causa provoca una deflagración en uno y la indiferencia en otro. El fenómeno de resonancia (una vibración se amplifica cuando concuerda con la frecuencia del medio que la recibe) permite comprender por qué un acontecimiento provoca una catástrofe en un contexto y no provoca ninguna reacción en otro momento.

---

35. *Ibíd.*

II
LA FÓRMULA QUÍMICA DE LA FELICIDAD

Felicidad con nubes

«La muerte de Fabrice fue para mí una maravillosa historia de amor. Él tenía catorce años y sabía que iba a morir; yo iba a verlo todos los días y él esperaba mi visita. El hecho mismo de verme llegar le provocaba un admirable arrebato de amor. Hablábamos tiernamente; yo sentía físicamente el afecto que despertaba en él y me sentía conmovida... Viví un dolor tan intenso y una felicidad tan extrema que, después de su muerte, dejé de hablar con la gente normal. Nadie hubiera podido comprenderme. Entonces entré en «Osiris», una asociación donde pude conocer a otros padres que, como yo, habían perdido a un hijo.»[1]

Los padres que hablan así son sólidos y equilibrados, pero la intensidad de su desdicha, entremezclada con accesos de felicidad, plantea un problema misterioso que la claridad excesiva de nuestros conceptos no nos permite resolver. La noción de felicidad es reciente, un invento del diablo (Flaubert) que extingue la angustia (Renard), que provoca la desdicha cuando no puede ser alcanzada (Fontenelle) y cuyas recetas deben buscarse en la sociedad (Saint-Just) o en la química de los filtros de amor de la Edad Media o de los laboratorios farmacéuticos de los tiempos modernos.

La felicidad nunca es completa. ¿Por qué, con tanta frecuencia, una oleada de felicidad provoca la angustia de perderla? Expresiones como «¡Ojalá que dure!», «Aproveche-

---

1. Palabras recogidas y citadas con la mayor precisión posible.

mos ahora» o «¡Crucemos los dedos!» dan una forma verbal a la sensación difusa de que no hay felicidad sin nubes.

El sufrimiento insoportable siempre estuvo de moda y cada cultura le dio una forma diferente. Si el lector no me cree, puede ir al Louvre y allí verá cómo los tormentos están integrados en la aventura social desde que se los estetizó. Cristo en la cruz sangra bajo las espinas y *La balsa de la medusa* representa cómo unos hombres agonizantes continúan teniendo esperanzas. En el Gran Palais podría ver cómo la belleza cura la melancolía que tortura a los seres humanos y cómo el hombre culpable trata de redimirse gracias a una bondad mórbida.[2]

La idea de la felicidad apareció muy tarde pues, y durante milenios hubo que admitir que los lugares de la felicidad no se hallaban sobre la Tierra. Bastaba con vivir en el mundo para comprobar que cada día aportaba su ración de sufrimiento y de malas noticias. El pensamiento de la felicidad sólo pasó a ser terrenal cuando la Revolución francesa hizo de ella un programa político. Hasta el siglo XVII, sólo los aristócratas y algunos representantes de la alta burguesía, es decir, un 2 por ciento de la población, tenían la posibilidad de esperar la felicidad: «[...] me parece muy necesario que quien quiera entrar en el gran comercio del mundo haya nacido gentilhombre. [...] Y no es que yo quiera excluir a aquellos a los que la naturaleza les negó la felicidad. [...]»[3] Durante siglos, una casa con un jardín cercado simbolizó la felicidad privada, oculta, protegida de la violencia social que surgía desde el momento en que uno abría la puerta.

Cuando en 1789 Saint-Just politizó ese sueño invocando «el derecho a la felicidad», cuando la burguesía se desarrolló gracias al comercio y a la industria, el apartamento familiar

---

2. Pewzner, E., *L'Homme coupable*, Privat, Toulouse, Francia, 1992

3. Castiglione, citado en J. Revel, *Les usages de la civilité. Histoire de la vie privée*, Seuil, París, tomo III, 1986, pág. 199.

llegó a ser el lugar de la felicidad posible. En el mundo exterior uno sentía frío y hambre y las relaciones humanas eran violentas. La clausura familiar, en ese contexto social, tenía el efecto de un puerto de afecto y de reposo. La protección paterna y la devoción materna dibujaban una imagen de felicidad que aún hoy está adherida a nuestro pensamiento. Pero en las sociedades en las que la calle se transformó en un lugar más seguro y alegre, la morada familiar se presenta como un lugar de opresión, de morosidad y de ahogo afectivo. Las mismas paredes, las mismas estructuras familiares, evolucionaron en unas pocas generaciones y pasaron de la felicidad a la infelicidad porque el contexto social mejoró. Este cambio de orientación destacó la proximidad entre dos sentimientos considerados hasta entonces opuestos. El sueño de la felicidad en el que uno se refugia en los momentos desgraciados regularmente se presenta seguido de un sentimiento de pérdida. Apenas nació la idea de la felicidad en el siglo XVIII, el terremoto de Lisboa de 1755 y el inmenso *tsunami* que produjo entre Portugal, el África occidental y las costas de Brasil –que mató a cien mil personas en algunos minutos y destruyó una ciudad construida como una obra de arte–, pusieron de relieve la fragilidad de la felicidad.[4] Hoy nuestros «terremotos de Lisboa» son Auschwitz, Hiroshima o el «desempleo». Esas palabras significan que la desdicha está al acecho y que cualquier cosa puede empujarnos a ella. La percepción del riesgo no es de ningún modo una apreciación objetiva del peligro, sino, sobre todo, la consecuencia de proyectar una serie de sentidos y de valores en ciertos acontecimientos.[5] Hiroshima –que el 6 de agosto de 1945 supuso una explosión de alegría en Occidente pues significaba el

---

4. Fonseca, J. D., *1755. O terramoto de Lisboa*, Argumentum, Lisboa, 2005.

5. Le Breton, D., *La sociologie du risque*, PUF, «Que sais-je?», París, 1995, pág. 31.

«fin de la guerra» con un coste de *sólo* cien mil víctimas en lugar de los cuatro millones de muertos que se esperaban– da hoy la impresión de haber sido un crimen tecnológico y político inútil.

Uno no sabe que sabe

Nuestras categorías demasiado claras y el abuso que hacemos de algunas palabras nos hacen creer que la felicidad se opone a la desdicha y lucha contra ella. Parece evidente que esta formulación no designa un segmento coherente de mundo. Debemos buscar en otra parte la explicación de esta gran proximidad entre dos sentimientos diferentes que nos gobiernan... como un par de opuestos.

Resulta que los descubrimientos de la neurología permiten decir que nuestra organización cerebral pone en funcionamiento nuestras emociones y participa de nuestro saber sobre el mundo. Un neurólogo no le teme a semejante afirmación pues comprueba fácilmente que una lesión de la parte posterior del cerebro derecho no impide percibir las informaciones procedentes del espacio izquierdo, pero sí tener una representación consciente de ellas. El enfermo evita los obstáculos y sostiene que no hay ninguno; se afeita la mitad derecha del rostro y afirma que se ha rasurado completamente; come la carne del lado derecho de su plato y protesta porque no le han servido las patatas fritas que todos pueden ver a la izquierda.[6] Las emociones también participan de ese saber. Tiñendo de alegría o de tristeza el fenómeno que percibe, el enfermo integra en su memoria un hecho que, según el lugar del cerebro en el que esté la lesión,

---

6. Botez, M. I. (dir.), *Neuropsychologie clinique et neurologie du comportement. La négligence visuelle de l'hémi-espace*, Presses de l'Université de Montréal-Masson, París-Montreal, 1996, págs. 142-143.

tendrá la connotación de un sentimiento de felicidad o de desdicha.

La primera vez que un neurólogo propuso este género de razonamiento[7] provocó tanta incredulidad como ironía. En un contexto cultural en el que se decía que la felicidad o la desdicha sólo debían atribuirse a causas reales exteriores al sujeto, los grandes fundadores de la neurología provocaron un verdadero estupor cuando afirmaron que una lesión localizada en una zona precisa del hemisferio derecho provocaba una tendencia a la felicidad.[8]

La Segunda Guerra Mundial, al suministrar su lote de heridos en el cerebro, permitió distinguir las lesiones que desencadenan sensaciones de felicidad o de infelicidad, así como diferenciar una sensación provocada por una percepción del sentimiento que despierta una representación de palabras como, por ejemplo, una declaración de amor.[9]

Un poco más tarde, los pioneros de la psiquiatría, sensibilizados por esos datos neurológicos, observaron que una lesión del hemisferio izquierdo, a diferencia de las lesiones del hemisferio derecho, provocaba regularmente accesos de melancolía.[10] No obstante, el verdadero punto de partida de la aventura neuropsicológica fue publicado en París cuando dos médicos, Hecaen y Ajuriaguerra, explicaron que una ausencia de sufrimiento podía constituir ¡la prueba de una patología! El dolor moral y la depresión están muy justificados cuando uno sufre una desgracia, pero ¿qué pensar cuando una lesión del hemisferio derecho provoca una indiferen-

---

7. Meyer, A., «The anatomical facts and clinical varieties of traumatic insanity», *American Journal of Insanity*, 60, 1904, pág. 373.

8. Babinski, J., «Contribution à l'étude des troubles mentaux dans l'hémiplégie organique cérébrale (anosognosie)», *Revue neurologique*, 27, 1914, págs. 845-848.

9. Goldstein, K., *After Effects of Brain Injuries in War*, Greene and Stratton, Nueva York, 1942.

10. Bleuler, J., *Textbook of Psychiatry*, Macmillan, Nueva York, 1951.

cia al duelo y hasta euforia ante la tragedia?[11] Lo cual no equivale a decir que pueda explicarse la felicidad por una lesión del cerebro en el hemisferio derecho, ¡pero sí que hay bienestares mórbidos! También hay risas y llantos sin razón cuando pequeñas lesiones vasculares del tronco cerebral provocan un arranque de risa, lo que atestigua que el organismo ya no consigue regular sus emociones y responde riendo sin alegría a toda estimulación.

Las zonas cerebrales del sabor del mundo

Por lo tanto, puede haber sensaciones de felicidad o de desdicha sin motivo, desencadenadas por la respuesta de un sistema nervioso desorganizado.[12] La neurología de la felicidad-infelicidad no excluye evidentemente el sentimiento de felicidad ni el de desdicha provocado por la representación mental de acontecimientos que, en sí mismos, están cargados de significaciones. El escáner precisa ese razonamiento revelando que un pequeñísimo accidente vascular que necrosa la zona dorsal del núcleo talámico derecho* provoca una sensación de felicidad sin motivo.[13] Lo cual no impide que los que ganan la lotería experimenten un sentimiento de euforia debido a ese golpe de suerte o, a veces, de angustia provocado por esa felicidad inmerecida.

11. Hecaen, H., Ajuriaguerra, J. de y Massonet, J., «Les troubles visuoconstructifs par lésion pariéto-occipitale droite», *Encéphale*, 40, 1951, págs. 122-179.
12. Robinson, R. G. y Manes, F., «Elation, mania and mood disorders. Evidence from neurological diseases», en J.-C. Borod, *The Neuropsychology of Emotions*, Oxford University Press, Nueva York, 2000, pág. 240.
13. Starkstein, S. E., Fedoroff, J. P., Berthier, M. D. y Robinson, R. G., «Manic depressive and pure manic states after brain lesions», *Biological Psychiatry*, 29, 1991, págs. 149-158.

En la época en la que, para explorar un tumor o una epilepsia, se inyectaban barbitúricos en una carótida con el propósito de anestesiar el hemisferio correspondiente, los practicantes habían notado modificaciones emocionales características. Cuando se anestesiaba el hemisferio derecho, los pacientes sólo percibían el mundo con el hemisferio izquierdo. Se volvían entonces no afectivos y rigurosos. Cuando se les dormía el hemisferio izquierdo, su percepción del mundo, por el contrario, se teñía de emociones profundamente tristes.[14]

El gusto del mundo no es el mismo según el hemisferio que trate la manera de ser: lúcido y poco afectivo, en el caso del hemisferio izquierdo, el que habla; fácilmente conmovible y hasta depresivo, en el caso del hemisferio derecho, el que siente.

Un razonamiento automático sugiere que es lógico huir de lo que nos hace infelices para refugiarnos en los brazos de la felicidad. Los datos neurológicos nos hacen enfocar la cuestión de un modo diferente: la sensación de ser feliz o desdichado depende probablemente de la connotación afectiva que le atribuya nuestro aparato de percibir el mundo. La aptitud para sentirse feliz o desgraciado, ¿sería pues el resultado de una adquisición precoz, de una memoria viva que explicaría nuestra tendencia a connotar los acontecimientos de un sentimiento feliz o infeliz. Las palabras «felicidad» e «infelicidad» no son equivalentes de realidades físicas, son su representación. Esta tajante disección verbal es abusiva. Creemos que cuando uno vive una situación en la que todo lo hace feliz no puede sentirse desdichado. Pero la neurología nos sugiere que a menudo nuestra manera de percibir el mundo es lo que da el sabor de la felicidad o de la infelicidad.

---

14. Panksepp, J., *Affective Neuroscience. The Foundations of Human and Animal Emotions*, Oxford University Press, Nueva York, 1998, pág. 308.

Nuestras palabras reflejan bien esta incertidumbre. Se supone que la palabra «dolor» designa una impresión penosa tratada por el cerebro, mientras que el sufrimiento pertenece al dominio de las representaciones. Esta claridad desmedida no impide que a veces hablemos de la tristeza de los que «sufren» un «dolor» o que utilicemos sin vacilar las expresiones «sufrimiento físico» y «dolor moral».

El florecimiento de las neurociencias permite comprender mejor esta imprecisión verbal. Informaciones procedentes de fuentes opuestas, de naturalezas diferentes, convergen para crear un sentimiento que llamamos «felicidad» o «infelicidad». Podemos observar clínicamente y manipular experimentalmente el derrotero que siguen esas informaciones y la formación de esos sentimientos: «objetivar la subjetividad es pues un procedimiento científico».[15]

La biografía de una lombriz relataría probablemente cómo, durante toda su vida, la atracción hacia un tipo de información química o térmica le bastó para alcanzar la «felicidad» y para hacerla huir de la «infelicidad». En un ser humano, ese nivel de reacción existe, pero asociado a muchas otras informaciones procedentes de representaciones de imágenes y de palabras. Por consiguiente, para poder comprender la fórmula química de la felicidad y la de la desdicha, debemos cosechar los conocimientos en terrenos diferentes e integrarlos.

Ya no es posible afirmar que una simple estimulación provoca una respuesta simple. Ni siquiera las lombrices estarían de acuerdo. Cuando se priva de azúcar a un organismo durante mucho tiempo, la carencia interior hace que sus receptores se vuelvan hipersensibles a toda molécula de glúcido que perciba en su medio exterior con una agudeza asombrosa. Su sistema nervioso, aguzado por la falta, percibe la menor señal de azúcar y pone el cuerpo en movimien-

---

15. *Ibíd.*, pág. 45.

to. Los seres humanos experimentamos esta reacción cuando tenemos sed. La falta de agua interior nos pone en movimiento y saciar esa necesidad nos produce gran placer. La satisfacción de una carencia es lo que desencadena la felicidad del deleite, pues la misma agua, bebida más tarde cuando ya hemos saciado la sed, nos provocará una sensación de desagrado. El mismo proceso se da en el caso de la sal, del sueño, de la presencia humana o del afecto. La felicidad intensa, el arrebato de alegría que experimenta un niño que ha estado separado de la persona por la que siente particular apego cuando se reencuentra con ella, son un ejemplo. Pero cuando el mismo niño se siente asediado por la devoción amorosa de la madre, corre el riesgo de experimentar una sensación de desagrado y hasta de repulsa. Los dosajes neurobiológicos revelan que, en un niño que estuvo aislado, el mero reencuentro produce una descarga de opioides cuyos receptores privilegiados son los circuitos límbicos y la cara inferior del lóbulo frontal.*[16] Una presencia afectiva constante no sólo suprime el placer de los reencuentros sino que, como ocurre con el agua cuando uno ya ha saciado la sed, termina por provocar rechazo. Entonces, lo que provoca la sensación de alegría o de felicidad extrema, ¿es el ritmo, la pulsación, la alternancia? Para transformarse en un hecho de la conciencia, ¿la felicidad debe acoplarse con la desdicha?

El enlace de la felicidad y la infelicidad

Este curioso razonamiento, en apariencia ilógico, fue presentado por primera vez por dos investigadores de la Universidad Mac Gill cuando comprobaron que ratas que habían recibido descargas eléctricas en el cerebro se precipitaban

---

16. LeDoux, J., *Neurobiologie de la personnalité*, Odile Jacob, París, 2003, págs. 76 y 303.

hacia el lugar donde las habían sufrido.[17] Implantándoles microelectrodos en el cerebro y enseñándoles a autoestimularse, descubrieron que, cuando el electrodo estaba situado en una estrecha franja neuronal de la cara inferior del lóbulo frontal, los animales se precipitaban como locos para apoyarse en la palanca. Liberaban una descarga aun cuando no obtuvieran ninguna recompensa alimenticia. La estimulación de esas fibras nerviosas, al aumentar la circulación de dopamina,[18] les provocaba una sensación de euforia sin causa. A la inversa, cuando se les suministró una sustancia que disminuía la secreción de dopamina, los animales se volvieron insensibles y dejaron de buscar la estimulación. Para experimentar el placer de una estimulación, hasta dolorosa, es necesario haber experimentado el displacer de la falta. La indiferencia, al embotar las respuestas del sistema nervioso, hace desaparecer el sufrimiento, pero también la busca del placer.

El medio ecológico conforma un envoltorio sensorial que envía a la base del hipotálamo* estímulos de luz o de calor que modulan las secreciones de oxitocina y de vasopresina (aminoácidos que actúan en el cuerpo, lejos del cerebro). La oxitocina desencadena la contracción del útero y la liberación de la leche. Pero cuando se le introduce en el organismo una sustancia que impide la acción de la oxitocina, una hembra ya no se apega a su compañero. El producto no impide el acto sexual, pero adormece las respuestas del sistema límbico.

---

17. Olds J. y Milner, P., «Positive reinforcement produced by electrical stimulation of septal areas and other regions of rat brains», *Journal of Comparative and Physiological Psychology*, 47, 1954, págs. 419-427.

18. Dopamina: neurotransmisor implicado en los movimientos, las emociones y el temor. Su falta, como consecuencia de enfermedades genéticas, accidentes cerebrales o del aislamiento y la falta de relaciones, lentifica los movimientos, adormece las emociones y ya no da motivo para pensar.

El acto sexual mismo también estimula la secreción de oxitocina, lo cual explica el carácter espasmódico del placer físico puesto que esta sustancia contrae el útero y algunos otros músculos.[19] Si hay un déficit de los circuitos límbicos de la memoria o si la especie segrega sustancias antioxitocina, después del acto sexual, el compañero pasa a ser un desconocido. Sucede entonces que la hembra lo rechaza como a un intruso o lo considera una presa y quiere comérselo. Los machos segregan menos oxitocina, pero son, en cambio, más sensibles a la vasopresina. Cuando se les ha bloqueado esta hormona, ya no se apegan a la hembra, aunque continúan mostrándose agresivos con los machos intrusos.

Esta disección biológica permite comprender por qué el amor humano puede prescindir de un encuentro real con el compañero o la compañera: puesto que respondemos sobre todo a nuestras propias representaciones, podemos enamorarnos de un ídolo que no podemos tocar o venerar a un dios que nunca veremos. El acto sexual responde a un encuentro entre un estímulo externo y una receptividad interna. Pero sólo se prolongará en un vínculo de apego si participa un mecanismo de memoria. Ciertas personas no poseen esta memoria a causa de fallas biológicas. Otros tienen miedo al vínculo por razones psicológicas. Y la cultura, por su parte, organiza circuitos sociales que alientan ese vínculo, como en Occidente, o que lo descalifican, como en la antigua Roma. Como se ve, estamos lejos de la causalidad única que facilita el pensamiento simple. Para complicar aún más las cosas, se ha podido medir que una caricia física aumenta en la mujer la secreción de oxitocina, tanto como una caricia verbal, pero menos que el diluvio hormonal que provocan el amamantamiento o el placer sexual.[20] No hay

---

19. Odent, M., *The Scientification of Love,* Free Association Books, Londres-Nueva York, 1999, pág. 34.

20. Vincent, L., *Petits Arrangements avec l'amour*, Odile Jacob, París, 2005, pág. 87.

que suponer que se trata de una receta que permitiría tejer un vínculo determinado por una dosis de caricias, una cantidad de palabras o una serie de actos sexuales. Puesto que nuestro cerebro también está inflamado por nuestras representaciones, no es raro que algunas mujeres se sientan dependientes del hombre que les provoca gran placer y le reprochen lo que consideran un intento de sometimiento. Sus historias personales o el contexto cultural las lleva a atribuir gran valor a la autonomía social, cuando hace una o dos generaciones lo que se glorificaba era la dependencia: la mujer debía ser fiel y estar al servicio de la familia. Hoy, cuando una mujer se siente dependiente de un hombre o de un niño, experimenta esa felicidad como una sumisión y se vuelve hostil contra quienes obstaculizan su libertad: «Que te quiera no significa que vaya a hacer lo que tú deseas». Recuperar su independencia, aunque sea pagando el precio de la infelicidad, la hace sentir orgullosa y le devuelve su autoestima.

En épocas todavía recientes, en las que se exigía a los hombres que sirvieran a la fábrica, a la familia y a la patria, se los glorificaba de tal modo que muy pocos advertían que también ellos estaban sojuzgados. ¿Iban a descubrir una triste libertad?

Sexo y memoria

Una simple relación, según las emociones que provoque, puede modificar las secreciones de opiáceos. Esto explica por qué uno se siente eufórico cuando habla con Pedro y crispado cuando cena en casa de Carolina. Un placer compartido aumenta la oxitocina, cuyo receptor más sensible se encuentra en el hipocampo de los circuitos de la memoria.*
Esto implica que el hecho de desear a alguien provoca una emoción sexual al mismo tiempo que un mejoramiento de la memoria: «Cuando ceno con ella, todo lo que me dice lo

aprendo de memoria». La asociación del bienestar y la memoria explica el poder euforizante de la familiaridad.[21] El encanto de ver a esa persona aumenta el modo en que me impregno de ella porque estoy más atento. La espera del placer de la música acrecienta el placer de escucharla. La esperanza de apaciguarme me apacigua. Y si, por ventura, me siento desdichado, el hecho de haber aprendido a esperar que mi compañera (o mi compañero) me calme amplifica el poder tranquilizador de su apego. El simple hecho de creer que él (o ella) puede darme sosiego le da ese poder y estimula mi afecto. Este razonamiento implica dos condiciones previas: es necesario que, mediante las experiencias pasadas, yo haya podido impregnarme de ella y es necesario también que yo esté ansioso por esperarla. Cuando ella desea estar a mi lado, las condiciones del vínculo han asociado el sufrimiento de la falta con el placer del reencuentro. Así como la sensación de felicidad sin razón se aproxima a la desdicha, es concebible que el temor se acople a la seguridad, el apego a la angustia y el apaciguamiento a la alerta y que constituyan parejas de opuestos en las que uno no puede existir sino en virtud del otro a quien combate.

Así como un animal asustado por el ataque de un depredador continúa corriendo sin sufrir por las heridas, la analgesia de un hombre sumido en el temor o la pasión se transforma pronto en euforia después del pavor.[22] Este paso del temor a la euforia es frecuente entre los animales que acaban de escapar a un peligro. Y también se ve en el hombre que ha sobrevivido al combate. La explicación está en una reacción biológica: el estado de alerta estimula la secreción de serotonina y de opiáceos naturales que permanecen en el cuerpo después de la agresión y provocan la euforia posterior al

---

21. Panksepp, J., *Affective Neuroscience, op. cit.*, pág. 257.
22. Levine, P. A., *Réveiller le tigre. Guérir le traumatisme*, Socrate éditions, Charleroi, 2004.

combate.[23] Este acoplamiento del temor y la euforia, el oxímoron de la felicidad y la infelicidad, explica por qué tantos desesperados provocan su propia desdicha esperando encontrar luego la felicidad, por qué tanta gente muerta de aburrimiento corre serios riesgos para sentirse viva y por qué algunos pendencieros buscan la riña a fin de crear algún acontecimiento que lleve un poco de euforia a sus tristes existencias.

El hemisferio derecho es sensible a las emociones de los demás, mientras que las dos regiones anteriores del cerebro se coordinan para dar forma a la expresión de las emociones del sujeto. Un bebé que ha sido maltratado por la persona que lo cuida, cada vez que percibe al agresor tendrá su hemisferio derecho en estado de alerta. Inmediatamente manifestará una conducta de repliegue[24] y evitará la mirada del otro... como si sufriera de una lesión del hemisferio derecho, que induce fácilmente un humor depresivo.[25] Por poco que se repita, si la situación se ha dado en un momento sensible del desarrollo del niño, se inscribirá en su memoria implícita y provocará un hábito de reacción que desde entonces caracterizará su estilo interactivo. Un acontecimiento significativo ha puesto a ese niño en la cinta transportadora que lleva a la depresión. Esta vulnerabilidad precoz es totalmente adquirida. La aptitud para retraerse y evitar al otro, impregnada desde los primeros meses, ha creado con ese padre agresivo un vínculo particular en el que el niño se adhiere a una base de inseguridad. Desde ese momento, bastará que perciba esta figura de apego que le transmite inseguridad para que su hemisferio derecho alertado provoque la secreción de las hormonas del estrés, cuyos efectos biológicos modifican

23. Panksepp, J., *op. cit.*, pág. 215.
24. Guedeney, A., «Dépression et retrait relationnel chez le jeune enfant: analyse critique de la littérature et proposition», *Psychiatrie enfant*, 47, 1999, págs. 299-332.
25. Davidson, R. J. y Henriques, J., «Regional brain function in sadness and depression», en J.-C. Borod, *op. cit.*, pág. 269.

el desarrollo somático.²⁶ La reducción del volumen del hipocampo puede verse fácilmente gracias al escáner. El giro temporal* aumentado explica las dificultades del niño para dominar su afectividad, puesto que la alteración del cerebro de las emociones conlleva modificaciones endocrinas tales como la caída de las hormonas del crecimiento y de las hormonas sexuales. Esta carencia hormonal explica la morfología del enanismo afectivo:²⁷ los niños son bajos (miden menos de lo que genéticamente les correspondería) y alternan una frialdad afectiva con explosiones sorprendentes de amor o de odio. En ese caso, el cerebro de las emociones ha sido alterado no por un tumor ni por una lesión, sino por la historia parental que, al perturbar al padre o a la madre, perturba el desarrollo orgánico de su hijo.

La memoria no es el retorno del pasado

Más tarde, cuando el niño haga el relato mental de su historia en busca de su identidad, tendrá tendencia a dejarse fascinar por el trauma impregnado en su memoria.²⁸ Lo rememora sin cesar, lo sueña sin mencionarlo. Cualquier acontecimiento trivial encuentra una referencia en su pasado herido y se organiza así el síndrome psicotraumático que termina por poseer a la persona. «La desdicha de mi madre ha sido el lugar de mis sueños», decía Marguerite Duras.²⁹

---

26. Beaurepaire, R. de, «Aspects biologiques des états de stress post-traumatiques», en J.-M. Thurin y N. Baumann, *Stress, pathologies et immunité*, Flammarion, París, «Médecine-Sciences», 2003, págs. 135-153.
27. De Bellis, M. D., Keshavan, M. S. y Clark, D. B., «Developmental traumatology», II parte, «Brain development», *Biological Psychiatry*, 45, 1999, págs. 1.271-1.284.
28. Schacter, D. L., *À la recherche de la mémoire. Le passé, l'esprit et le cerveau*, De Boeck Université, Bruselas, 1999.
29. Citado por J.-P. Chartier, comunicación personal, julio de 2006.

Cuando la existencia familiar o cultural no aparta al niño de esa concentración en sí mismo, la pendiente natural lo lleva a la morosidad pues su memoria le enseñó a reaccionar de ese modo. Cuando el niño ha vivido momentos difíciles, el relato que elabore de su identidad estará cincelado por los acontecimientos dolorosos.[30] Pero cuando el ambiente familiar, cultural o de amistades lo invita a salir de su centro y a descubrir otras historias de vida u otras culturas, puede desencadenarse fácilmente un proceso de resiliencia verbal y la memoria identitaria se compondrá poco a poco de ritos felices y de acontecimientos agradables.

Esta reorganización de la memoria autobiográfica tiene efectos de entrenamiento cerebral. Cuando un accidente lastima la cara profunda del lóbulo temporal izquierdo que trata la palabra, el sujeto ya no siente las emociones provocadas por las palabras aunque las imágenes continúan conmoviéndolo. Es por ello que, algunos años después, conserva un excelente recuerdo de las imágenes de aquella época, pero su indiferencia a las palabras no le ha permitido adquirir una memoria verbal, un relato de sí mismo.[31] La alteración de la memoria provocada por una herida cerebral no es irremediable: si se entrena al herido para que haga el relato escrito o hablado de lo que le ocurrió, progresivamente, palabra por palabra, emoción tras emoción, la persona reconstruye una memoria verbal después del accidente. A ello se debe que el herido cerebral o la persona desollada sentimentalmente, abandonada a su soledad, evolucionen emocionalmente hacia la agonía psíquica. Sin emociones íntimas y sin jalones

30. Singer, J. A. y Salovey, P, «Motivated memory: Self-defining memories, goals and affect regulation», en L. L. Martin y A. Tesser (comps.), *Striving and Failing: Interactions Among Goals, Affects and Self-Regulation*, Erlbaum Associates, Mahwall, Nueva Jersey, 1996.

31. Labar, K.S., LeDoux, J. E., Spencer, D. D. y Phelps, E. A., «Impaired fear conditioning following unilateral temporal lobectomy in humans», *Journal of Neuroscience*, 15, 1995, págs. 6.846-6.855.

exteriores, familiares o sociales, la memoria permanece vacía. Para llenarla, es necesario que una relación estimule la amígdala rinoencefálica,* asiento de la clasificación neurológica de las emociones que facilita la memoria de las imágenes y de las palabras.

La vida psíquica se recupera lentamente y construye la identidad narrativa del herido. Pero como lo que orienta la manera de llenar aquel vacío es el estilo con el que el sujeto se relaciona, podemos decir que los recuerdos que uno busca en su pasado y las palabras que elige para darles forma construyen autobiografías diferentes según el compañero de la narración. No es que uno mienta, sólo obtiene representaciones diferentes inducidas por las relaciones. Así es como vemos vuelcos notables del esquema de sí mismo que se ha formado un individuo cuando le sucede un acontecimiento que lo conmociona. La desesperación actúa como un selector de recuerdos. El acontecimiento libera una emoción que estimula el sistema amigdalohipocámpico.*[32] Así despertada, la memoria encuentra en el pasado las imágenes y las palabras que dan forma a lo que la persona siente en ese instante. Por eso decimos que todo es verdad, aun cuando se diga lo contrario.

La memoria no es el retorno al pasado; es la representación de uno mismo que busca en las huellas del pasado algunas imágenes y algunas palabras. Esta reconstrucción da forma coherente al sentimiento de felicidad o de desdicha que uno experimenta en una relación. Ahora bien, ese sentimiento se construye día a día, al ritmo de los encuentros cotidianos. Las pequeñas interacciones insidiosas y repetidas probablemente tengan un efecto en la configuración cerebral más durable que ciertos grandes acontecimientos. Una vez

---

32. Schacter, D. L. y Wagner, A. D., «Medial temporal lobe activations», en «FMRI and PET», *Studies of Episodic Encoding and Retrieval Hippocampus*, 9, 1999, págs. 7-24.

que el sujeto ha adquirido una sensibilidad preferida, una vez que la ha trazado en el cerebro mediante interacciones banales, puede percibir algo que para su vecino pasa inadvertido y transformarlo en un acontecimiento mayor, cuando para el otro no tiene ninguna significación.

Biología de la separación

La separación de la madre, inevitable y necesaria, suele llegar a ser tóxica cuando provoca una inundación de corticoides. La duración de la separación que altera a un niño, puede estimular a otro, según el estilo de la relación que cada uno mantenía con su figura de apego. Cuando el pequeño teme la separación porque ya la ha sufrido en otra ocasión, su organismo ha adquirido una aptitud para reaccionar a esa pequeña prueba como a una señal de alerta[33] y no como a una aventura excitante. Cuando las separaciones se repiten y duran más de tres horas, las secreciones de las hormonas del estrés (cortisol y ACTH) aumentan mucho. Por el contrario, las separaciones cortas seguidas del placer del reencuentro tienen un efecto de acostumbramiento que limita esa reacción biológica.[34]

Puesto que uno se entrena para razonar atendiendo a la convergencia de factores determinantes, hay que señalar que hay otros factores que pueden atenuar o exacerbar el

---

33. Putnam, F. W., «The developmental neurobiology of disrupted attachment», en L. J. Berlin, Y. Ziu, L. Amaya-Jackson y M. T. Greenberg, *Enhancing Early Attachments*, The Guilford Press, Nueva York-Londres, 2005, págs. 80-81.

34. Francis, D. D., Caldji, C., Champagne, F., Plotsky, P. M. y Meaney, P., «The role of corticotrophin-releasing factor-norepinephrine systems in mediating the effects of early experience on the development of behavioural and endocrines response to stress», *Biological Psychiatry*, 46 (15), 1999, págs. 1.153-1.166.

efecto de esas separaciones. Lo que haya ocurrido antes del nacimiento aumenta la sensibilidad de un organismo para interpretar ciertos estímulos biológicos. Las hembras preñadas estresadas dan a luz crías que reaccionan vivamente a todo estímulo. Los machos son menos sensibles al estrés materno.[35] La secreción abundante de oxitocina en el caso de las mujeres y de vasopresina en el de los hombres explica probablemente esta diferencia de reacción ante una misma situación. Estos experimentos biológicos y etológicos invitan más que nunca a renunciar a la idea de las causas únicas y a integrar los datos de diferente naturaleza pero coordinados entre sí. Una madre en situación de estrés comunica a sus hijas la aptitud de reaccionar con emociones intensas a los acontecimientos de la vida. Los varones, protegidos por la vasopresina, reaccionan de manera agresiva ante los mismos hechos. Una hija que es emocional a causa de la emoción de su madre responde a cada separación con una inundación de cortisol y de ACTH que la extenúa y le altera las células nerviosas del hipocampo, soporte de la memoria: la niña aprende menos porque su madre... ¡sufrió estrés durante el embarazo!

Los hijos nacidos de una madre segura segregan gran cantidad de hormona del crecimiento, lo cual les otorga el desarrollo máximo morfológico que le permiten sus posibilidades genéticas. Cuando la burbuja sensorial de los recién nacidos es estable y tiene el ritmo que le imprime el bienestar de la madre, la cría segrega más acetilcolina, lo cual facilita el desarrollo de las células del hipocampo.[36] Por otra parte,

---

35. Anisman, H., Zahria, M. D., Meaney, M. J. y Merali, Z., «Do early-life events permanently alter behavioural and hormonal responses to stressors?», *International Journal of Developmental Neuroscience*, 16 (3-4), 1998, págs. 149-164.

36. Liu, D., Dioro, J., Day, J. C., Francis, D. D. y Meaney, M. J., «Maternal care, hippocampal synaptogenesis and cognitive development in rats», *Nature Neuroscience*, 3, 2000, págs. 799-806.

las lamidas regulares de la madre y sus pataleos alternados con fases de reposo sensorial y de breves separaciones estimulan la sinaptogénesis.³⁷

Cuando el pequeño segrega demasiado cortisol y una cantidad insuficiente de hormona de crecimiento porque su madre no está bien, la consecuencia será que aparezcan alteraciones cerebrales, morfológicas y de la conducta. Estas alteraciones son reversibles cuando el organismo está en desarrollo y cuando las informaciones sensoriales del medio vuelven a tener una intensidad soportable y un ritmo proximidad-separación que estimule el cerebro. Se podrá hablar de reversibilidad si el cerebro y el organismo retoman su curso normal. Y se hablará de resiliencia sólo si, después de una atrofia provocada por una larga separación o una alteración producida por un estrés intenso o crónico, el organismo logra retomar otro tipo de desarrollo, un desarrollo en expansión –a pesar de todo–, pero que conserva la impronta del período herido.

Este razonamiento psicobiológico nos hace pensar que probablemente no sea sano huir de la desdicha para lanzarse en los brazos de la felicidad. Nuestras imposiciones neurológicas nos impulsan, antes bien, a organizar un ritmo, una pulsación, una respiración en la cual buscamos alternar la felicidad y la infelicidad.

Las autopistas del afecto

La simple anatomía sustenta esta idea: las vías neuronales por las cuales se desplazan los avisos del dolor corren junto a las que llevan las informaciones del placer. Las palabras que usamos nos hacen creer que éstos son dominios opuestos,

---

37. Formación progresiva del espacio que separa a dos neuronas donde se produce la transmisión quimioeléctrica de la información.*

cuando en realidad son vecinos en el cuerpo y en la corteza cerebral.[38] La reacción de evitar la fuente que provoca un dolor físico y el extravío emocional desencadenado por una pérdida afectiva se separan en el momento de llegar al cerebro. Primero, hay un conjunto de fibras neuronales muy finas, carentes de la envoltura de mielina, que transportan el dolor por la médula espinal. Esas fibras corren junto a las fibras del tacto y del calor, vehículos de las informaciones de la caricia. En la base del cerebro,* esas informaciones son tratadas en las zonas preópticas ventrales y septales, el núcleo dorsomedial del tálamo y las células grises periacueductales; luego este centro de clasificación las envía a la cara interna de la corteza. La zona cingular anterior recibe las vías por donde circula el sufrimiento y, exactamente detrás, recoge las informaciones que provocan euforia. Estos sentimientos son opuestos en la representación verbal pero, en la anatomía, las vías de la felicidad y de la infelicidad son vecinas. Estas sensaciones se asocian fácilmente pues la percepción de una provoca la necesidad de la otra. «No me daba cuenta de lo feliz que era», dice alguien que acaba de sufrir una desgracia. «Creía que lo normal era que a uno lo criaran así», dice el niño maltratado cuando logra escapar al sufrimiento. Un cuerpo en el que toda información recorriera siempre el circuito hacia la desdicha no permitiría que la persona cobre conciencia de ello. Un medio en el que sólo hubiera felicidad llevaría a experimentar un sentimiento de vacío, de no felicidad.

Cuando se separa a un pequeño conejillo de indias de su madre, el animal lanza chillidos de angustia y la cámara de positones revela que acaba de encender los circuitos del sufrimiento: la zona cingular anterior se conecta al núcleo ventroseptal, a la zona preóptica dorsal, al núcleo dorsomedial

---

38. Panksepp, J., «Feeling the pain of social loss», *Science*, vol. 302, 10 de octubre de 2003, pág. 238.

del tálamo y a la zona gris preacueductal.* Si se le pellizca con fuerza, las fibras periféricas del pequeño roedor recogen el mensaje del dolor mecánico y lo transportan rápidamente hacia lo alto de la médula espinal y así llega a los mismos núcleos de la base del cerebro que lo orientan luego hacia la zona cingular anterior. Lo cual equivale a decir que, entre los conejillos de indias, un pellizco doloroso físico y una pérdida afectiva convergen hacia la misma autopista neuronal. Independientemente de que la información sea mecánica o afectiva, la misma región cerebral, alertada, provoca sensaciones de sufrimiento.

El sufrimiento que nos hace infelices, ¿estaría asociado al deseo que nos hace felices? El sistema nervioso constituye, sobre el filo de la navaja, la guía que permite, por una nadería, por una palabra, por un encuentro, pasar de una sensación dolorosa al sentimiento de felicidad, de la angustia al éxtasis como les ocurre a los místicos, de la desesperación a un arranque de risa nerviosa, como sucede a veces, para disgusto de muchos, durante los entierros.

No es raro que un absceso o una hemorragia localizada destruya las células de la amígdala rinoencefálica* y deje en su lugar un orificio o un bloque macerado que impide la circulación de las informaciones del dolor y de la pérdida afectiva. La misma alteración puede observarse en un niño abandonado, después de que ha sufrido un aislamiento sensorial y ya no está estimulado por el mundo exterior. Ese niño se autoestimula balanceándose, girando sobre sí mismo o agrediéndose físicamente, actividades que le aportan una forma sustituta de existencia: sufrir para, al menos, sentirse vivo. Luego, la rutina adormece el efecto estimulante de los sufrimientos y el niño se vuelve indiferente, inerte, ni feliz ni infeliz. Cuando la agonía psíquica apaga la amígdala rinoencefálica, toda emoción desaparece: ya no hay diferencia entre la muerte y la no vida.

Puesto que el anuncio de una buena o una mala noticia puede provocarnos un sentimiento de alegría o de desesperación, es fácil comprender por qué apenas un pellizco en un pie «ilumina» la misma zona de la corteza cingular anterior que el enunciado verbal de un hecho triste. Un rechazo social, por ejemplo la desaprobación de alguien, también ilumina o enciende esta zona y crea un sentimiento doloroso que se experimenta en todo el cuerpo. El sufrimiento que provoca una relación será sometido al mismo tratamiento y pasará por los mismos circuitos neuronales que un sufrimiento físico. Esto explica por qué el 10 por ciento de la población general sufre permanentemente de dolores crónicos de espalda o de estómago, mientras que, entre los deprimidos, los que sufren esas mismas dolencias suman el 43 por ciento.[39] Un dolor crónico puede llevar a la depresión con tanta seguridad como que una depresión puede provocar un dolor crónico, pues la plataforma giratoria de esas informaciones se forma en la zona cingular anterior.

El placer ansioso de la partida y el placer aletargado del regreso

A fin de inducir un sentimiento de rechazo en el momento en que se observa el cerebro del sujeto en una resonancia magnética, Eisenberg pidió a varios colegas que participaran en un juego en el que debían pasarse una pelota por turnos diciéndose palabras amables. De pronto, a una señal convenida, los experimentadores continuaban pasándose la bola entre ellos, evitando hablar y jugar con uno que era precisamente aquel al que se le medía el funcionamiento cerebral. El simple hecho de prepararse para recibir la pelota y quedarse súbitamente excluido de la comunicación atizaba la zona cingular anterior del mismo modo que cuando se expe-

---

39. Évrard, N., «Enquête: 75% des déprimés souffrent de symptômes physiques», *Abstract Psychiatrie*, n.º 10, octubre de 2005.

rimenta un dolor físico.[40] Cuanto más intenso es el sentimiento de rechazo, más sustancias energizantes consume ese sector del cerebro que registra el dolor. Pero, de inmediato, se produce un equilibrio cerebral: basta que el sujeto frustrado renuncie a jugar y se oriente hacia otra actividad mental para que la zona prefrontal se encienda e inhiba así las informaciones desagradables. Esta coordinación de opuestos explica la posibilidad orgánica de combatir el sufrimiento gracias a una psicoterapia o por efecto de un nuevo proyecto de vida.

Los neuromediadores que participan en la sensación de la infelicidad explican las manifestaciones somáticas de anorexia, abatimiento, dolores difusos y hasta de párpados hinchados. Cuando la persona siente angustia, las endorfinas se desploman, pero en cuanto encuentra un sustituto afectivo o mantiene una conversación agradable con alguien, la cantidad de endorfinas se eleva de inmediato. El desdichado experimenta así un alivio físico además de la felicidad de apegarse a la persona que le devuelve el placer de vivir al ayudarlo a dominar su dolor.

El oxímoron cerebral hace funcionar juntos a dos opuestos: las informaciones del sufrimiento desembocan en la zona cingular anterior* que casi de inmediato se conecta con una delgada franja situada en la cara inferior del lóbulo prefrontal derecho que, a su vez, alerta a la zona cingular posterior vecina adonde llegan las informaciones del placer.

Semejante organización corresponde a lo que se comprueba en la práctica clínica del apego cuando un ser vivo necesita de otro, de un tutor, que guíe su desarrollo. El pequeño practica respecto de ese otro (su figura de apego) incesantes idas y venidas. Explora su mundo alejándose de esta figura privilegiada hasta el momento en que, asustado,

---

40. Eisenberg, N. I., Lieberman, M. D. y Williams, K. D., «Does rejection hurt? A FMRI study of social exclusion», *Science*, 302, 2003, págs. 290-292.

vuelve precipitadamente y se acurruca contra ella. El placer y la angustia de explorar lo desconocido aumentan la felicidad de reencontrarse con lo conocido y de apegarse a ese ser que le da seguridad. El agradable sentimiento de amar únicamente puede desarrollarse si existe un peligro exterior que ese amor permita aplacar. Sin base de seguridad, sin una figura a quien amar, la perturbación del pequeño le haría vivir un sufrimiento constante. Pero en el extremo opuesto, en un mundo adormecido, no tendría necesidad de amar. Así como para hacer un nudo es necesario unir dos hilos opuestos, para tejer un apego hay que solidarizar dos exigencias antagónicas: la exploración y la seguridad. El placer angustioso del descubrimiento debe asociarse al placer adormecedor de la familiaridad. Sólo es posible aprender lo desconocido partiendo de una base de seguridad conocida. Y para que un objeto llegue a constituir una base de seguridad, es indispensable que una alerta le dé su función tranquilizadora.

¿Es posible que también entre los adultos se dé ese mismo oxímoron afectivo? Hasta la Segunda Guerra Mundial, en una sociedad en la que no existían ni la Seguridad Social ni las cajas de jubilación, lo que aseguraba esa función de base de seguridad era la pareja. Partiendo de ese vínculo, las personas experimentaban el placer angustiado de intentar la conquista del mundo y, en caso de desgracia, buscaban refugio junto a su cónyuge, a fin de encontrar allí la felicidad de estar acompañado. Ello implica que, en un contexto de paz, la exploración del mundo será menos angustiosa, pero que, en caso de infelicidad, uno no habrá aprendido a darle al otro su poder de puerto seguro. Cuando el contexto ya no nos asusta, ya no estamos rodeados por la familia… ¡estamos encerrados en ella!

El mismo proceso se da en el psicoanálisis cuando el paciente se sorprende ante los cambios en su manera de pensar que ha provocado la intervención del analista y que lo apartan de sus hábitos intelectuales y meditaciones. El alivio que le produce este distanciamiento lo apega al practicante. La transferencia afectiva, ese vínculo nuevo analizado durante las sesiones, permitirá controlar mejor las antiguas repeticiones.

La proximidad neuronal de la felicidad y la infelicidad corresponde probablemente a la necesidad arcaica de supervivencia. Casi todos los seres vivos saben resolver el problema del sufrimiento y del placer huyendo del primero y buscando el segundo. Para que estas dos pulsiones opuestas se acoplen hace falta inhibir rápidamente la reacción de huida o de atracción. Uno no puede pasarse la vida huyendo de la desdicha, como tampoco puede atiborrarse de felicidad. Desde el momento en que ocurre una desgracia, soñamos con la felicidad. Desde el momento en que alcanzamos la felicidad, vencedores aletargados, perdemos la sensación de estar vivos y buscamos el acontecimiento que nos la devuelva. El par de opuestos es lo que permite la supervivencia.

El delgado hilo que une el alma al cerebro

Cuando se altera la zona cingular anterior, el animal ya no emite el grito de angustia que estimula el auxilio materno. Ahora bien, un animal que ya no puede sufrir, muere abandonado por allegados a quienes ya no alarma. En cambio, un ser vivo que expresa su sufrimiento inspira el deseo de darle apoyo y se apega a quienes se acercan a salvarlo. Sin sufrimiento, ¿se podría amar? Sin angustia y sin pérdida afectiva, ¿tendríamos necesidad de seguridad? El mundo sería insulso y probablemente no sentiríamos el gusto de vivir.

Los organismos humanos no escapan al determinismo biológico. Pero la posibilidad de crear un universo de representaciones les permite reorganizar el mundo que perciben, mejorarlo o empeorarlo, bendecirlo o maldecirlo. Sea cual sea ese nuevo sistema de orientación, el cerebro es siempre el nexo entre las percepciones biológicas y las representaciones mentales.

El caso de Bernadette ilustra esta idea. A los treinta y dos años, fue hospitalizada por una quemadura grave en un muslo. A lo largo de su vida, ya había sufrido varias fracturas indoloras y sólo al sentir olor a carne asada tomó conciencia de que se estaba quemando. En el hospital, se le diagnosticó agenesia congénita.[41] Esta rara enfermedad genética se debe a que el organismo no ha desarrollado los genes de las fibras C desprovistas de mielina que, habitualmente, transportan a gran velocidad las informaciones del dolor físico. Sin embargo, Bernadette había experimentado una vez un dolor físico: el día en que se enteró de que su hermano había muerto en un accidente de automóvil. Cuando le anunciaron la terrible noticia, Bernadette, en el colmo de la desdicha, se quedó aturdida. Pero, media hora después, sintió una intensa cefalea y un dolor difuso. A causa de su anomalía genética, ningún dolor físico podía abrirse camino hasta el cerebro. Una simple enunciación, una frase: «Tu hermano ha muerto», había desencadenado un dolor físico completamente nuevo para ella.

Lo que le había provocado el dolor no era la percepción de un golpe, ni la percepción de una falta, pues su hermano ya no vivía con ella desde hacía mucho tiempo. La representación verbal de una pérdida afectiva, al trastornar por completo su mundo íntimo, produjo el sufrimiento físico.

Esta paciente no sabía que su anomalía neurológica y su sufrimiento físico ilustraban una idea de Freud: «Una ausen-

---

41. Danziger, N. y Willer, J. C., «Tension-tipe headache as the unique pain experience of a patient with congenital insensitivity to pain», *Pain*, 5.649, 2005, págs. 1-6.

cia, un objeto perdido, crea exactamente las mismas condiciones de dolor que una parte herida del cuerpo».[42]

Decir que alguien se siente físicamente mal después de la muerte de un ser querido no es algo original. Nadie se sorprendería si yo dijera que una buena noticia nos provoca euforia y que una mala nos pone tristes. Lo nuevo consiste en que hoy podemos analizar cómo una modificación del medio real, tanto como el enunciado de algunas palabras, puede modificar el funcionamiento de un organismo humano. Ahora podemos comprender cómo una psicoterapia influye de manera duradera en el funcionamiento del cerebro.[43] Cuando un niño se cría familiarizado con la representación aseguradora de un papá protector y una mamá reconfortante, experimenta el sentimiento que provoca esa representación. Una simple evocación, durante una charla o al mirar una fotografía familiar, basta para despertar la emoción. Hasta podemos imaginar que, cuando miramos una película que nos hace reír y llorar, nuestras zonas cingulares posteriores y anteriores funcionan intensamente. Siempre nos sometemos a las representaciones que nosotros mismos inventamos, ya sea para el mayor de los placeres o para una profunda infelicidad.

La nueva vida del difunto

Trataré de ilustrar esta idea con el ejemplo del duelo. Cuando estaba vivo y se relacionaba conmigo, el otro marcaba su huella en mi memoria biológica. Yo estaba acostumbrado al

---

42. Freud, S. (1926), *Inhibition, symptôme et angoisse*, PUF, París, 1951, citado en N. Danziger y J. C. Willer a partir de una reflexión planteada por Gérard Osterman, Seminario Ardix Bordeaux, 14 de diciembre de 2005.

43. Fischer, K. W. y Pipp, S., «Development of the structures of unconscious thought», en K. Bowers y D. Meichenbaum (comps.), *The Unconscious Reconsidered*, Wiley, Nueva York, 1984, págs. 88-148.

sonido de su voz, a sus hábitos de conducta, a su presencia real. El día en que murió, mi mundo sensorial quedó totalmente trastornado porque el otro ya no estaba allí. Pero el ser querido desaparecido existía aún en mis recuerdos y en mis fotografías, así como en mis palabras, en los relatos que su familia y su cultura hacían de la vida pasada de esa persona. Independientemente de que el punto de partida sea sensorial o verbal, el dolor enciende la misma zona cerebral, lo cual libera una emoción y modifica la biología de quien sufre el duelo.

Este modo de razonar permite decir que, cuando uno pierde a un ser querido, la muerte le arranca una parte de sí y se la lleva con ella. En nuestro mundo sensorial, esa desaparición ha dejado un vacío. Pero cuando uno está contenido afectivamente, el trato con los otros cierra un poco la brecha. Y si la cultura da un sentido a la muerte, uno trata de darle una nueva dirección a su vida, trata de hacer un proyecto en el que el difunto tenga un lugar significativo. Aun cuando ya no exista en lo real, uno continúa refiriéndose a él: «Mi padre estaría orgulloso de lo que acabo de hacer… Si mi madre pudiera verme ahora…». El muerto está muerto, por supuesto, pero continúa existiendo de otra forma cuando pensamos en él y cuando aún gobierna una parte de nuestra vida.

Cuando en el momento de la pérdida el deudo no cuenta con apoyo afectivo ni le encuentra sentido a esa muerte, sólo puede encerrarse en sí mismo para sufrir menos. El dolor le impide hablar, aprieta los dientes y se aísla. Hacemos lo mismo cuando la cultura nos hace callar. La significación de la muerte organiza nuestras defensas: cuando un hermano fue abatido por la policía porque había disparado un arma al azar contra la multitud, cuando el padre nazi fue ahorcado, los parientes sólo pueden callar. El acurrucamiento antálgico que impide compartir la pena y socializar la angustia excluye al sobreviviente del mundo humano. En este caso, la pérdida no es un duelo, es un agujero en el alma, un vacío sin representaciones, un quiste, una cripta en un mundo íntimo que se prepara para el clivaje o escisión del yo.

Cuando se le impide realizar los ritos del duelo, el deudo se transforma para sus allegados en una base de inseguridad. La mera percepción del otro, silencioso y abatido, evoca la desesperanza, la vergüenza o la culpabilidad. Esta reacción explica por qué el 70 por ciento de las parejas que pierden a un hijo se divorcian durante los dieciocho meses siguientes a esa muerte, con lo cual agregan más sufrimiento al sufrimiento. Pero, en esas familias mudas, en las que el ser amado ha desaparecido sin el rito del adiós, toda felicidad se vive con vergüenza por cuanto con frecuencia adquiere la significación de una traición: «¿Cómo te atreves a gozar de la vida cuando tu hijo murió sufriendo?».

La pérdida es individual, pero el duelo es colectivo.[44] Exige no sólo el sostén afectivo que estimule sensorialmente al doliente, sino además el trabajo de duelo que permite que la cultura dé sentido a la desaparición y produzca así la reorganización de las representaciones: «Desde que hice un cuadro con sus fotos y escribí su biografía, siento menos el vacío de la pérdida porque aprendo a vivir con él, ya no con su presencia real, sino con su representación».

Este trabajo de duelo explica por qué una pérdida precoz en un niño muy pequeño, cuando no existe un sustituto afectivo, conduce a la catástrofe. En el estadio preverbal, las representaciones son todavía inciertas. Cuando una figura de apego desaparece, una parte enorme del mundo sensorial del niño se extingue. El envoltorio biológico que rodea al bebé pierde sus estímulos permanentes auditivos, táctiles, olfativos y visuales pues el otro ya no está allí. La figura de apego desaparecida ya no puede proporcionar las informaciones perceptivas y emocionales que deberían estimular el cerebro límbico. Nada llega hasta la zona cingular, ni felici-

---

44. Hanus, M. *Les deuils dans la vie*, Maloine, París, 1994.

dad, ni desdicha, ni representaciones pues el pequeño no sabe organizar todavía un decorado de imágenes para representar al difunto ni contar algunas anécdotas para hacerlo vivir todavía un poco más. Su mundo real está vacío, el circuito límbico se apaga, lo cual explica la atrofia cerebral provocada por la ausencia de estímulos biológicos.

Esta manera de encarar el duelo, analizando separadamente la pérdida afectiva y la representación del ser amado perdido, permite comprender que todos los duelos no están asociados a la muerte.[45] Un aislamiento afectivo a causa de la falta de estimulaciones biológicas atrofia la zona frontolímbica tan intensamente como un déficit cultural la priva de un trabajo de representaciones que desemboca en las mismas regiones cerebrales. Una pérdida innombrable, por asesinato o por guerra, corresponde a una pérdida indecible cuando la familia condena al silencio al niño, cuyo mundo íntimo queda fascinado por la muerte.[46] Los factores de resiliencia que ayudan a no quedarse estancado en la agonía psíquica están compuestos por el teatro de los funerales y la reorganización afectiva del medio.

No todos los muertos son iguales

Esto permite comprender por qué la muerte de la madre provoca menos perturbaciones que la desaparición del padre,[47] lo cual es contraintuitivo. Cuando muere la madre, el

45. Poletti, R., «Les deuils dans l'enfance», *Abstracts Neuro et Psy*», n.º 169, septiembre de 1997, págs. 15-30.
46. Bacqué, M.-F., Haegel, C. y Silvestre, M., «Résilience de l'enfant en deuil», Le Bouscat, L'Esprit du Temps, *Pratiques psychologiques*, 1, 2000, págs. 23-33.
47. Saler, L., Skolnick, N., «Childhood parental death and depression in adulthood: roles of surviving parent and family environment», *American Journal of Orthopsychiatry*, 62, 4, 1992, págs. 504-516.

padre afligido sufre, pero el mundo que rodea al niño cambia poco pues hay otras figuras de apego que compensan la alteración paterna: tías, tíos, amigas y sustitutos atienden al niño después de la muerte de la madre. El niño siente que su mundo ya no es el mismo, pero encuentra alrededor de él algunas estructuras afectivas que le permiten seguir un desarrollo resiliente modificado por la ausencia materna. Paradójicamente, la muerte del padre cambia más el mundo del niño porque, a partir de entonces, está obligado a desarrollarse en contacto con una madre depresiva, aislada y a veces desorganizada.

Este dato clínico subraya la importancia del contexto familiar y cultural en el trabajo de duelo y sus consecuencias psicológicas y evolutivas. Cuando la madre sufre el duelo aislada, como ocurre en nuestra cultura individualista, llega a ser una base de inseguridad para sus hijos. Mientras que, en las culturas en las que se da sentido a la muerte y se acompaña a la viuda, la constelación afectiva en la que está sumergido el niño, si bien se reorganiza, no impide su buen desarrollo.

La cultura no siempre es protectora. A veces, el mito del duelo afirma que una mujer sin marido no es capaz de criar a un niño. Las autoridades intervienen y deciden colocar al pequeño en una institución sin afecto. Esta cultura agrava el duelo y modifica el envoltorio sensorial que rodea a quien sufre el luto pues lo instala en un medio de indiferencia protectora pero no resiliente.

Las circunstancias reales de una muerte contribuyen a construir el sentido de que se impregna el hecho. Una muerte brutal en un accidente de automóvil a menudo provoca un atontamiento traumático, mientras que una muerte esperada, acaecida como consecuencia de una enfermedad grave, induce un trabajo de tránsito a la otra vida que precede a la muerte real. Cuando llega la última hora, el grupo ya ha preparado la reorganización de una familia que tendrá que continuar viviendo sin el difunto. En estos casos, no es raro que el anuncio de la muerte provoque un alivio culpable y vagamente vergonzante. En ese momento, vemos surgir una serie de conflictos contenidos hasta entonces por la presencia del moribundo. El duelo revela problemas ocultos y reorganizaciones afectivas de una familia que se prepara para funcionar sin ese ser querido.

Cuando los sobrevivientes de la Shoah fueron reagrupados, casi todos sentían vergüenza de haber sobrevivido: se reprochaban haber abandonado a sus allegados y dejarlos morir sin darles sepultura. Uno no puede tirar el cadáver de alguien a quien todavía ama. Las circunstancias sociales los habían obligado a cometer ese crimen al que sus fantasmas secretos daban una forma inconfesable: «Puesto que él iba a morir, tomé su bollo de pan... Al desviar la mirada, evité la selección que me habría condenado a muerte. ¡Y se llevaron a mi hermana en mi lugar!». Este sentimiento de culpa atroz está con frecuencia en el origen de fantasías inconscientes de expiación, de amabilidad enfermiza o de temor a la felicidad.

La señora M., de Argel, quiere tomar el autobús para regresar a su casa. Su hijita de cinco años, caprichosa, se arrastra por el suelo y exige caramelos. Después de algunas frases exasperadas, la madre le pide a la niña que conserve el lugar en la cola mientras ella va hasta un comercio a comprar algunas golosinas. Cuando está en la tienda, una gran explosión la lanza al suelo. Al salir ve que, en lugar de la cola del autobús, hay un gran agujero. Atontada, contempla los retazos de ropa y los trozos de carne dispersos. Tiene en la mano el paquete de caramelos, que acaba de cargarse de una terrible significación: «Mi hijita murió en mi lugar. Me salvó la vida. No supe protegerla». Cuando sale del embotamiento, aparece por fin el sufrimiento para castigarla por su «crimen» y la señora M. siente que toda felicidad se ha vuelto vergonzosa, insoportable. Poco a poco, se dejó arrastrar hacia una infelicidad calmante. El atentado terrorista había trastrocado la significación que antes atribuía a las cosas y, con la mayor tranquilidad del mundo, aceptó sufrir de una cantidad sorprendente de enfermedades.

Las teorías del apego, después de mantener algunas disputas de familia con el psicoanálisis, pusieron de todos modos el pie en la biología. Y, como lo deseaba Freud, hoy permiten comprender por qué un duelo psíquico no asociado a la muerte, pero vinculado a la pérdida «de una abstracción [...] la patria, la libertad, un ideal [...]»,[48] puede modificar los circuitos cerebrales y, con ellos, provocar enfermedades orgánicas.

«La conducta del duelo se concibe como una serie de "manifestaciones de apego": llantos, agitación, búsqueda del objeto perdido [...] conservación de los recuerdos para mantener dentro de sí a la persona viva [...] y luego redefinir la relación con el difunto.»[49] En suma, el trabajo de duelo consiste en conservar un vínculo con el ser perdido, reestructurando nuestra manera de amarlo.

Biología de la pérdida afectiva

En todos los seres vivos en los que el sufrimiento encefalizado no se limita ya al dolor reflejo que pasa por la médula espinal, la pérdida real de una persona querida recibe el mismo tratamiento que la degradación de una representación. Cuando un mono o un elefante pierden a un ser allegado, sufren por la modificación de su medio, que desde entonces queda

---

48. Freud, S. (1915-1917), *Œuvres complètes, Deuil et mélancolie*, tomo XIII, traducción francesa de J. Altounian, Bourguignon, PUF, París, 1994.
49. Bourgeois, M.-L., *Deuil normal, deuil pathologique*, Doin, París, 2003, pág. 13.

privado de una figura de apego. Pero cuando algunos años después regresa al lugar de la muerte, recubre el esqueleto con hojas y manifiesta en su comportamiento los signos de la infelicidad, podemos pensar que responde a la representación de un hecho real pasado y no ya a una percepción del presente. Los dosajes biológicos revelan que esa desesperación está correlacionada con un fuerte aumento del cortisol sanguíneo, lo cual atestigua que la alerta biológica no es el resultado de la percepción del cadáver (que, por lo demás, ya no está allí), sino de la memoria del «ser querido desaparecido», evocado sencillamente por el lugar donde murió.

Cuando pudieron realizarse electroencefalogramas, éstos demostraron el anticipo del sueño paradójico que se observa en todos los seres desdichados, sea cual sea su especie (humano, perro o mono). La angustia impide experimentar el placer de dejarse ir al letargo de los primeros estados del sueño. Quien vive un duelo sólo puede caer dormido cuando está agotado, reduciendo así las fases lentas iniciales. Este adelanto del sueño rápido que se produce quince o veinte minutos después del adormecimiento, en lugar de ocurrir a los noventa minutos habituales en los seres humanos, acorta el estadio de las ondas lentas que constituyen los estímulos bioeléctricos de los núcleos grises de la base del cerebro. Éstos segregan pues menos hormonas de crecimiento y menos hormonas sexuales. Las tasas de oxitocina y de prolactina también se reducen, lo cual da prueba de una aptitud débil del organismo para gozar de la vida pues los músculos receptores de esas hormonas ya no están lo suficientemente embebidos como para provocar una tensión física agradable.

En un mono o en un elefante, el mero hecho de percibir el lugar donde desapareció un ser de apego hace que la angustia regrese... Y esto nos lleva a pensar que, en un ser humano, cuyo mundo interior está cargado de representaciones, ese género de sufrimiento reaparece a la menor señal que recuerde al difunto y al menor rito inventado para recordarlo.

En cada aniversario, el simple hecho de pensar en el difunto provoca una emoción. La percepción de un objeto o de un acontecimiento cultural que evoque a la persona desaparecida es suficiente para provocar reacciones emocionales cuyo impacto biológico puede evaluarse: «[...] La memoria del acontecimiento puede engendrar un estrés postraumático, la respuesta inmunitaria puede traducirse en una alergia y la respuesta normal al dolor, convertirse en dolor crónico».[50] En los estados de angustia provocados por una pérdida afectiva real o por la representación de esa pérdida, se observa una caída de los linfocitos y una producción de anticuerpos que explican la alergia tan frecuente en estos casos. El aumento del cortisol y de las catecolaminas alerta la amígdala rinoencefálica que es su receptor privilegiado y recibe la menor información como señal de peligro.

La viudez es una situación en la que es posible evaluar el efecto biológico de una pérdida afectiva. En Francia, hay casi cinco millones de personas que han perdido a su cónyuge; la mayoría son viudas. Los hombres sobrevivientes tienen serias dificultades para continuar viviendo sin su mujer. Muchas enfermedades cardíacas aparecen durante los meses posteriores a la pérdida. También se ha registrado un aumento de cáncer, de diabetes y de enfermedades pulmonares. Con esto no estamos diciendo que el matrimonio proteja de la gripe, pero si, en cambio, que la estabilidad afectiva provoca una regularidad de los metabolismos que la viudez desequilibra. La inmunodepresión, atribuible al estrés y a la pena, hace que el organismo se defienda menos contra las infecciones.

---

50. Mosca, D. L. y Banchero, M., «Stress post-traumatique, allergie et douleur chronique. Pathologies comorbides ou interchangeables?», *Stress et Trauma*, 6 (1), 2006, págs. 35-40.

Mitos y biología de la pérdida

El estilo de apego que caracterizaba a la pareja permite predecir el sufrimiento de la viudez. Las parejas fusionales, en las que cada uno servía al otro de base de seguridad única, vivirán una soledad dolorosa. Puesto que el apego excesivo es casi siempre prueba de un vínculo inseguro en el cual la presencia del otro es indispensable, la desaparición del ser querido provoca un desgarramiento traumático tan grave como el del bebé de pecho que pierde a su madre. Los metabolismos desordenados y la desorganización del mundo percibido hacen difícil la reestructuración afectiva del trabajo de duelo. El organismo ya no está protegido contra las enfermedades. La confusión mental y el desinterés explican el elevado número de accidentes que sufren los viudos que tuvieron una pareja fusional.

Inversamente, los apegos ambivalentes, en los que los desacuerdos envenenan la vida cotidiana, componen la cohorte de quienes viven una viudez menos dolorosa.[51] Suele darse el caso de personas de edad avanzada que, angustiadas ante la idea de perder a su cónyuge, se sorprenden al no sufrir la pérdida real. Otros, que imaginan la desaparición del cónyuge conflictivo como un alivio, se sienten desconcertados por el inesperado sufrimiento que experimentan. Así golpea la ambivalencia, aun después de la muerte, cuando el vínculo afectivo con el difunto persiste pero se modifica.

El escándalo es aún mayor cuando se descubre que los hombres que no sufren por la pérdida de su esposa se convierten en hombres maduros resplandecientes.[52] Probable-

---

51. Parkes, C. M. y Weiss, R. S., *Recovery from Bereavement*, Basic Books, Nueva York, 1993.
52. Clayton, P. J., Halikas, J. A. y Maurice W. L., «The depression of widowhood», *British Journal of Psychiatry*, 120, 1972, págs. 71-78.

mente se trate de grandes transportadores de serotonina, lo cual les hace poco sensibles a la pérdida afectiva. O tal vez vivieron dominados por una esposa a la que no amaban mucho y por ello no sufren la pérdida. En general, los viudos se suicidan más que las viudas, pero menos que los solteros, hombres y mujeres.[53]

Estos datos reunidos permiten decir que la pareja tiene un efecto protector contra la depresión y la enfermedad... Ahora bien, las familias donde circula el afecto están estructuradas por las leyes sociales, las creencias y la tecnología. Hace algunas décadas, en Francia, el duelo era familiar y a la vez colectivo. Se exponía el cuerpo del difunto, los transeúntes se persignaban al paso del cortejo y las campanas sonaban cuando la familia lo enterraba. En este comienzo del siglo XXI, el rito se ha modificado: los amigos se reúnen para decir «adiós» y rodear a los parientes en la casa de alguien donde se dan cita para «beber una copa».

La pérdida es una percepción de la falta que depende del temperamento de la persona y de su relación con el difunto. Mientras que el duelo es una representación de la falta que depende del ambiente familiar y cultural. La pérdida es irremediable mientras que el duelo evoluciona como un trauma, según lo que hagan de él la familia y la cultura. Las consecuencias sentimentales y las modificaciones biológicas que sufren los dolientes dependen de la confluencia de todos estos factores y no de una sola causa que pueda explicarlo todo.

Esta manera de plantear la cuestión permite comprender que una pérdida precoz induce un trastorno del desarrollo al transformar radicalmente el ambiente sensorial del niño, en un momento en el que ese niño aún no es capaz de hacer un trabajo de duelo. Pero, en ese estadio, el restablecimiento de un medio sensorial análogo al que le ofrecía la madre le per-

---

53. Bourgeois, M.-L., *op. cit.*, pág. 82.

mite emprender un desarrollo resiliente.[54] El trastorno biológico y la adquisición de un estilo de desarrollo adaptado a la pérdida sensorial de la madre no producen una perturbación definitiva salvo en el caso en que la cultura deja al niño solo. Se puede, por el contrario, poner en marcha un proceso de resiliencia si la cultura establece que un sustituto está capacitado para reparar el duelo de un niño. El discurso cultural organiza pues en envoltorio sensorial que favorece la recuperación de un desarrollo resiliente.

Cuando interpretan las protestas de un niño huérfano como una prueba de su mal carácter, los adultos, creyendo formar al pequeño, lo aíslan y lo castigan. El niño, en efecto, se calma porque ha incorporado en su memoria una desesperanza aprendida. A la larga, se adapta gracias a la indiferencia afectiva, que le permite sufrir menos.[55] El sufrimiento es pues más sano que la indiferencia, a la cual, sin embargo, la gente que rodea al doliente ve con mejores ojos. Después de un período de trastornos del sueño, de dificultades alimenticias, de explosiones en sus relaciones y de dolorosa angustia, el niño ya no se siente tan mal cuando se deja ganar por la indiferencia.[56] Esta adaptación es una antirresiliencia pues impide desarrollar buenas relaciones afectivas y sociales.

Cuando el organismo ha aprendido a sufrir, incorpora todo acontecimiento y todo encuentro en una connotación dolorida que explica por qué la persona vuelve a tener tan fácilmente recaídas depresivas, cuatro veces más frecuentes

---

54. Klass, D., Silverman, P. R. y Nickman, S. L. (comps.), *Continuing Bonds: New Understandings of Grief*, Taylor and Francis, Washington, 1996.

55. Fraley, R. C. y Shaver, P., «Loss and bereavement. Attachment theory and recent controversies concerning "grief work" and the nature of detachment», en J. Cassidy y P. R. Shaver, *op. cit*, pág. 736.

56. Klas, D., «Solace and immortality: bereaved parents continuing bonds with their children», *Death Studies*, 17, 1993, págs. 343-346.

entre los huérfanos precoces que en la población general.[57] Hay que desconfiar de la expresión del sufrimiento: los que lo expresan más abiertamente no son los más alterados puesto que todavía tienen la fuerza de manifestarlo. Mientras que aquellos que se muestran anonadados perturban menos a quienes los rodean, pero están revelando una agonía psíquica. La solución que les permitirá retomar el desarrollo se encuentra en la cultura más que en el sujeto. Los neuromediadores abatidos, las hormonas desecadas, tiñen el resto de la vida con el color de la tristeza porque un estereotipo cultural dictó que había que enderezar a esos niños o aislarlos a causa de su ingratitud: «¡Después de todo lo que se ha hecho por ellos!».

Nuestra cultura confundió la carencia afectiva y el trabajo de duelo. El desconsuelo es recuperable cuando el medio reorganiza estímulos sensoriales. El trabajo de duelo está muy próximo al mito: es el que prescribe los ritos que rodean al huérfano o al doliente, estructurando así el ambiente sensorial que actúa sobre su cerebro.

---

57. Wortman, C. B. y Silver, R. C., «The myth of coping with loss», *Journal of Consulting and Clinical Psychology*, 57, 1989, págs. 349-357.

III

LOS DOS INCONSCIENTES

Los caballos del inconsciente

El mundo acaba de tomar conciencia del inconsciente. Parece que en el siglo XVII, Leibniz hablaba de «pequeñas percepciones de las que no tenemos ninguna conciencia».[1] En el siglo XIX, el Romanticismo nos sumergió en «los reinos crepusculares de la conciencia» (Coleridge), en «el más allá del psiquismo» (Goethe), en «los secretos rincones del corazón y de las sombras espirituales donde el sol nunca penetra» (Woodworth).[2] En realidad, el concepto de inconsciente le debe mucho a Carl Gustav Carus, un profesor de zoología de la Universidad de Viena que, en 1850, escribió un libro titulado *Das Unbewusste* [El inconsciente]. En él, sostenía que los animales saben, pero no saben que saben. Además, hablaba de la vida del alma y explicaba que entre la conciencia clara y el inconsciente absoluto que conocemos con el nombre de Naturaleza, un inconsciente relativo permitía enviar algunas sondas exploradoras. En la misma época, Von Hartmann escribía *La filosofía del inconsciente* (1869), obra en la que distinguía el inconsciente de la vida corporal y el inconsciente del espíritu humano. Esta corriente de ideas, inspirada en gran medida por Nietzsche y Schopenhauer, impulsó numerosas tesis que apuntaban a defender los conceptos de inconsciente y de subconsciente.[3] Durante la segunda mitad del si-

---

1. Fillioux, J.-C., *L'Inconscient*, PUF, «Que sais-je?», París, 1954.
2. Gay, P., *Freud. Une vie*, Hachette, París, 1991, pág. 421.
3. Colsenet, E., *Études sur la vie subconsciente de l'esprit*, 1880, citado en J.-C. Fillioux, *op. cit.*, pág. 12.

glo XIX, algunos filósofos audaces ya pensaban que, sin saberlo, estábamos a merced de una psique de las profundidades, inaccesible a la conciencia, pero que podíamos tener acceso a esas regiones gracias a algunos emisarios tales como el análisis de los sueños, el cual provocaba la irrupción del inconsciente en el plano consciente.

Sin embargo, está claro que, sin Freud, esas intuiciones habrían continuado siendo apasionantes hitos desperdigados. Gracias al descubrimiento de la represión –que consiste en impedirse cobrar conciencia de una representación afectivamente insoportable–, el psicoanálisis nos invitó a reflexionar acerca de los mecanismos de defensa que derivan de ese proceso y hacen emerger la angustia y sus síntomas.[4]

Resulta que, desde hace dos décadas, los progresos de las neurociencias y las neuroimágenes arrojan nueva luz sobre este antiguo problema. Los caballos alados de Platón que tiran al mismo tiempo del carruaje del alma en dos direcciones opuestas, el espíritu de Adán dividido entre dos pulsiones contrarias, una que aspira a lo divino mientras la otra lo arrastra a los poderes oscuros de la carne, hoy pueden estudiarse gracias al inconsciente cognitivo asociado y opuesto al inconsciente freudiano.

Freud, tentado por la posibilidad de lograr ese estudio combinado, se había propuesto escribir una «Psicología para uso de los neurólogos»[5] aunque luego dejó el manuscrito de lado, probablemente porque los conocimientos neurobiológicos de su época le parecían insuficientes. Marie Bonaparte fue quien convenció a Anna Freud de que publicara aquel borrador. Luego, nuestra cultura occidental nos acostumbró

---

4. Freud, S. (1915), «*Das Unveswusste* [L'inconsciente]» en *Métapsychologie*, Gallimard, París, 1952.

5. Freud, S. (1895), «Esquisse d'une psychologie scientifique», en *La naissance de la psychanalyse. Lettres à Wilhelm Fliess*, notas y planos, PUF, París, 1956, págs. 307-396.

a razonar como si un cuerpo sólido pudiera existir ignorando su alma inmaterial que flotaba en el éter. Este hombre cortado en dos cuyas mitades funcionaban despreciándose recíprocamente dio explicaciones sorprendentes: al comprobar que un tumor o un hematoma cerebral perturbaban el funcionamiento psíquico, los adoradores de la materia llegaron a la conclusión de que el hombre estaba gobernado únicamente por su cerebro. Lo cual horrorizó a los devotos del alma, quienes, al comprobar casos de represión, dedujeron de inmediato que el cerebro no era más que una memez sin relación alguna con el psiquismo. Los caballos alados de Platón, que tiran del carruaje del alma en dos direcciones opuestas, la hacen avanzar sin embargo por un mismo camino. La neurobiología moderna sustenta esta idea: si uno ingiere una sustancia como la reserpina, experimentará una desesperación sin motivo y si toma una grajea de anfetamina se sentirá eufórico sin tener una razón. Independientemente de que el origen sea material o afectivo, experimentamos el sufrimiento o el goce en el cuerpo, pero la convergencia fenomenológica entre una sustancia que seca la secreción de serotonina –soporte biológico de una sensación de felicidad– y la pérdida afectiva que hace caer exactamente del mismo modo ese neuromediador se produce en el cerebro. Para sufrir menos, podemos pues tomar un antidepresivo que aumente la secreción de las monoaminas o encontrar a alguien que, por su relación y su talento, pueda modificarnos las maneras de ver y sentir.

Parece que la expresión «inconsciente cognitivo» nació en 1987, en el transcurso de una indagación realizada por neurofisiólogos sobre el poder de «persuasión clandestina de los mensajes subliminales».[6] La primera vez que yo mismo la utilicé en un ámbito de psicoanalistas, provoqué tres sínco-

---

6. Kihlstrom, J. F., «The cognitive unconscious», *Science*, vol. 137, 18 de septiembre de 1987.

pes, dos convulsiones y cinco intentos de asesinato. Pero luego, después de algunas conversaciones, muchos reconocieron que esta expresión podía designar otro inconsciente en el que un caballo cognitivo y un caballo freudiano tiran del mismo carro, en un mismo camino, en sentidos opuestos.

En la época en que Freud confesaba «desconfiar más que nunca de la filosofía», Carl Claus, su profesor de zoología, lo había enviado a la estación de biología marina de Trieste para estudiar el hermafroditismo de la anguilas (sí, leyó bien). El joven Freud disecó cuatrocientos ejemplares y sólo encontró «anguilas del sexo débil», con lo cual confirmaba la observación de Syrski, un investigador polaco. Más tarde, en el laboratorio de neurofisiología de Ernst Brücke, conoció a Joseph Breuer y recordó aquellos «humildes peces» cuyas células comparó con las del sistema nervioso de los seres humanos.

Esto le permitió concebir la noción de «fijación-regresión», por analogía con el crecimiento y la detención del desarrollo de las células gonádicas de esos «pequeños peces». En 1877, Freud publicó esta observación en el marco del Instituto de zoología y de anatomía comparada de la Universidad de Viena.[7] Cuando leemos este trabajo, reconocido con el premio científico para una investigación naturalista de la ciudad de Fráncfort en 1930, inmediatamente nos asalta una idea: ¡felizmente Freud descubrió el psicoanálisis! Sin embargo, este estudio naturalista lo preparó para escribir su bosquejo de una psicología para neurólogos, trabajo que justifica diciendo que dista mucho «de suponer que la psicología flota en el aire sin fundamentos orgánicos».[8]

---

7. Kohn, M., «Observation de la conformation de l'organe lobé de l'anguille décrit comme glande germinale mâle», tesis de filosofía dedicada a los escritos prepsicoanalíticos de Freud, París X-Nanterre, 1979, en P. Fédida y D. Widlöcher, *Les évolutions. Phylogenèse de l'individuation*, PUF, París, 1994, págs. 9-20.

8. Freud en Fliess, 22 de septiembre de 1898, en *La naissance de la psychanalyse*, PUF, París, 1956.

La palabra «inconsciente» puede pues designar fenómenos de naturaleza diferente, opuesta y asociada como el tiro de los caballos alados. Freud y Lacan, excelentes neurólogos, se habrían sentido felices al enterarse de lo que hoy podría enseñarles la neuropsicología de la memoria que «[...] lejos de contradecir las teorías psicoanalíticas, parece, por el contrario, completarlas».[9] Una huella sensorial provocada por un acontecimiento exterior puede abrir una impronta sin recuerdo (inconsciente cognitivo) del mismo modo en que «un recuerdo puede permanecer inconsciente, no cuando se lo olvida, sino cuando el sujeto no logra medir su dimensión»[10] (inconsciente psicoanalítico).

El inconsciente cognitivo no sabe que sabe.
El inconsciente freudiano se las arregla para no saber

La clínica neurológica ilustra sin dificultades la existencia del inconsciente cognitivo, así como la cura psicoanalítica confirma el inconsciente de la represión.

Gustave era jardinero cuando un accidente de automóvil le hizo perder la memoria. Su neurólogo se pasea con él por el campo de golf donde Gustave trabajaba. Éste, sin dejar de charlar, toma una dirección, sigue determinados senderos, dobla en cierta bifurcación y llega... ¡a la cabaña de las herramientas! Entra en ella y, siempre conversando, encuentra las partes desperdigadas de un descocador y lo arma sin vacilar. Conscientemente, sostenía que nunca había estado en ese campo de golf y que ya no se acordaba de su oficio, pero su cuerpo había conservado la memoria de los lugares y de los gestos.

---

9. Lechevalier, B., *Le corps et le sens*, Delachaux et Niestlé, Ginebra, 1998, pág. 219.

10. Pommier, G., *Comment les neurosciences démontrent la psychanalyse*, Flammarion, París, 2004, pág. 220.

Hasta es posible dar una interpretación cognitiva al acto fallido. Un abogado entra en su automóvil para dirigirse a su estudio, como lo hace todas las mañanas. En el momento de poner el motor en marcha advierte que no puede conducir porque, sin darse cuenta, se dejó puestas las pesadas botas de goma que utiliza para hacer jardinería.[11] En ese momento, comprende que la reunión prevista para aquella mañana lo angustia porque, habitualmente, cuando quiere distenderse, hace tareas de jardinería. Al cobrar conciencia de su acto fallido, se ve obligado a reconocer que va a su trabajo con desgana.

Todos hemos oído alguna vez decir a un colega al llegar a la oficina «hasta la vista» y luego tratar de enmendar el error farfullando rápidamente otra cosa. El lapsus línguae, acto fallido de la palabra, expresó lo que sentía su cuerpo a pesar de su voluntad consciente de no saberlo.

La «memoria inducida» suministra otra prueba del inconsciente cognitivo. Cuando uno no recuerda el nombre de alguien a quien quiere citar, orienta primero su búsqueda a la música de ese nombre: «Lolala... no, algo así como Lalada.... seguro que es con tres sílabas y con a». Uno busca en sus impresiones un indicador fonológico, una armonía que podría despertar las huellas cerebrales. De pronto: «Cavada, ¡ése era el nombre!». Y la palabra así hallada provoca un sorprendente alivio corporal porque nuestra memoria acaba de llenar un vacío. Nuestra representación cognitiva del mundo vuelve a hacerse coherente: ¡el nombre encontrado nos brinda seguridad!

El inconsciente cognitivo se asienta sobre marcas de la memoria biológica. Pero esta memoria no consciente no corresponde al inconsciente freudiano, para el cual la evocación es insoportable. En el inconsciente cognitivo, uno no

---

11. Baddeley, A., *La mémoire humaine. Théorie et pratique*, Presses universitaires de Grenoble, Grenoble, 1993, pág. 144.

sabe que sabe, uno se entera de algo sin saber que se ha enterado y responde a ello sin darse cuenta. Mientras que, en el inconsciente freudiano, la memoria biológica está intacta, el recuerdo podría estar allí, pero uno se las arregla para no dejarlo emerger a fin de conservar una relación apacible con uno mismo, con quienes lo rodean y con su cultura. Sabemos, pero, para permanecer en paz, no hacemos nada con ese saber.

En el síndrome de Korsakoff los enlaces neurológicos de la memoria están quemados por el alcohol o lacerados por un traumatismo. El enfermo, incapaz neurológicamente de buscar recuerdos en su pasado, llena el agujero de sus representaciones inventando historias a veces cómicas. Claparède, un pionero de la investigación relativa a las perturbaciones de la memoria, inventó un experimento clínico un poco sádico: cada mañana, estrechaba la mano de los enfermos atacados por este mal con un aguja disimulada en la palma de la suya. Al día siguiente, los enfermos que habían sufrido el pinchazo se negaban a darle la mano e inventaban justificaciones aberrantes: «En mi ambiente no se estila… estoy cansado… no lo conozco a usted lo suficiente». Los enfermos que habían eludido el pinchazo no vacilaban. Lo cual demuestra que los amnésicos pueden aprender ¡aun cuando sostengan que no han aprendido nada![12]

La memoria inducida revela que uno puede aprender sin darse cuenta y esto probablemente explique el poder terapéutico de los juegos de palabras. Un analizado cuenta que, en su sueño, subía en bicicleta una empinada cuesta mientras su esposa lo acompañaba cómodamente instalada en un automóvil descapotable. El psicoanalista podría haber interpretado ese sueño diciendo que el paciente hacía esfuerzos laboriosos mientras su mujer vivía a cuerpo de rey. Pero prefirió deconstruir la palabra «bicicleta» y decir: «En "bicicle-

---

12. Croisille, B., «Dix mémos sur la mémoire», *Les Dossiers de la Recherche*, n.º 22, febrero-abril de 2006, pág. 22.

ta" [en francés, *bicyclette*] hay anteojos [en francés, *bésicles*], ¿quién le compró a usted su primer par de lentes?». La idea cuajó o, al menos, desconcentró al sorprendido analizado de sus rutinas de pensamiento. Su memoria inducida por la palabra *bésycles* lo orientó en efecto hacia una relación particular que su madre establecía con el rostro del niño, al cual deseaba dar una apariencia intelectual. No todo el mundo es sensible a este tipo de disparador que trae a la conciencia un fragmento del pasado.[13] El juego de palabras, verdadero mecano verbal, trajo al plano consciente de este paciente una relación particular que estaba en su memoria pero de la cual no tenía conciencia.

La memoria sin recuerdo de los insectos y de los sabios

La irrupción del inconsciente cognitivo también podría explicar la comprensión súbita de los matemáticos y los hombres de ciencia. El estudioso flota, gira alrededor de un problema del que no tiene una representación clara, lo incuba y de pronto un disparador inesperado da forma a la bruma: «Eureka, ¡ahora lo entiendo!». Fatigado después de un largo trabajo ineficaz, Poincaré estaba subiendo a un autobús que se dirigía a Coutances cuando, súbitamente, estableció una relación entre dos problemas separados. Kekule estaba soñando con una serpiente que se mordía la cola cuando se despertó y comprendió que debía dar forma cíclica a sus análisis químicos del benceno. Adormecido, en el cine, François Jacob pensaba en la batidora de verduras que acababa de comprar su mujer cuando, como un relámpago, le surgió la idea de que ésa era la manera de separar los núcleos pesados del resto de la célula.

13. Schacter, D. L., *À la recherche de la mémoire*, op. cit., pág. 201.

Este inconsciente biológico, trazado en el cerebro por una presión exterior, proporciona al organismo una memoria sin recuerdos. En este sentido, la impronta etológica puede considerarse como un prototipo del inconsciente cognitivo.

Las manipulaciones experimentales de impregnación de patitos permitieron describir un fenómeno fácil de observar: entre las trece y las dieciséis horas posteriores a la rotura del cascarón, el pequeño ánade se apega a todo objeto que pase en ese momento por su campo visual. En un instante, adquiere una percepción privilegiada de su madre o de cualquier objeto que se mueva y desde entonces se orientará preferiblemente hacia él. Ese objeto, percibido mejor que cualquier otro, se transforma para el recién nacido en una figura de apego cuya presencia tranquilizadora le permite seguir adelante con sus desarrollos biológicos y de comportamiento, en tanto que su ausencia bloquea sus adquisiciones y provoca trastornos biológicos.[14]

El organismo adquiere una propensión hacia la seguridad y la expansión de manera fulgurante y duradera, en un período preciso durante el cual el cuerpo segrega un pico de acetilcolina, un neuromediador de la memoria.[15]

Este fenómeno de impronta es universal en el mundo animal. Entre los insectos, los peces y las aves, el organismo adquiere una atracción preferente por una información simple, un olor, un color o una forma geométrica. Entre los mamíferos y los primates (no humanos y humanos), el objeto exterior que se impregna en la memoria íntima es polisensorial. Desde que esa huella se marca en el cerebro, el recién nacido percibe ese objeto de impronta mejor que cualquier otro y eso le da una referencia. En su presencia tranquilizadora, el

---

14. Lorenz, K., *King Solomon's Ring*, Harper Collins, Nueva York, 1979; y Panksepp, J., *Affective Neroscience, op. cit.*, págs. 272-275.

15. Chapouthier, G., *Mémoire et cerveau. Biologie de l'apprentissage*, Le Rocher, París, 1988; y *Biologie de la mémoire*, Odile Jacob, París, 2006.

mundo se vuelve excitante, es una fuente de exploraciones y de aprendizajes. En su ausencia, el mismo mundo, las mismas informaciones sensoriales exteriores, adquieren un valor de alerta puesto que la referencia que da seguridad ya no está allí. Y el pequeño, desesperado, ya no puede aprender nada.

Hay que destacar que el mero hecho de depender de un objeto de referencia, de un significante biológico, permite que el pequeño sobreviva. Cuando la madre se ha impregnado en la memoria del hijo, su visión, su olor, sus gritos y las maneras de tocarlo tienen la función de reducir la distancia y de ofrecer una base de seguridad partiendo de la cual se hace divertido explorar el mundo.

Un macaco bebé, durante los dos primeros meses de vida, observa intensamente a su madre, responde instantáneamente a sus gritos y, ante el menor estrés, se acerca para que ella lo acicale. Los puentes sensoriales que tienden el vínculo de un pequeño mono capuchino con su madre son diferentes. No mira a la madre porque va colgado en su lomo y sólo se desliza contra el vientre para mamar. El vínculo sensorial de un gatito es sobre todo sonoro: en cuanto se aleja de su base de seguridad, la madre emite una especie de dulce arrullo al que el pequeño responde de inmediato acercándose a la gata y jugando a atraparle la cola o las orejas. Con el desarrollo, la dependencia madre-hijo se difumina: el pequeño capuchino abandona el lomo de la madre alrededor del cuarto mes y, en caso de alerta, se lanza a los brazos de un compañero para encontrar allí la seguridad que busca.[16] Los macacos tienen una estrategia de independencia levemente diferente: durante cuatro meses sólo se sienten seguros en

---

16. Byrne, C. D. y Suomi, S. J., «Activity patterns, social interaction and exploratory behavior in Cebus Cappelle infants from birth to one year of age», *American Journal of Primatology*, 35, 1995, págs. 255-270.

brazos de la madre y se acurrucan contra ella tres veces más que los capuchinos. Los compañeros no tienen para ellos un efecto tranquilizador y hasta el momento en que alcanzan autonomía lo único que les brinda seguridad es la dependencia de la madre. Entre los gatos, se observa otra estrategia de distanciamiento. Alrededor del tercer mes, la dependencia establecida por el arrullo y los jugueteos se transforma en conflicto: la madre amenaza a los pequeños y éstos, rechazados, se ven obligados a hacerse independientes.

Estas observaciones entre las distintas especies plantean varios problemas.[17] John Bowlby pudo concebir su teoría del apego partiendo de la observación de macacos, de gatitos y de ratoncillos. Pero si Robert Hinde le hubiese expuesto la etología del capuchino o de otras especies que no tienen necesidad del apego para desarrollarse, la reflexión del psicoanalista se habría encontrado con algunos escollos.

El envoltorio sensorial biológico

El método etológico prohibe hacer una extrapolación entre un capuchino, un macaco, un gatito o cualquier otra especie. ¿Por qué se supone que es posible extrapolar un comportamiento al hombre? No obstante, este método comparativo plantea la cuestión fundamental: ¿podría un ser humano vivir sin apego? El método experimental permite analizar cómo se teje, se trastorna o se desgarra un vínculo y cómo, a veces, puede ser reparado. Me serviré de los ratoncillos y los seres humanos para desarrollar esta idea.

El envoltorio sensorial de un ratoncillo está compuesto por estimulaciones biológicas que el animal no percibe al azar. Desde su nacimiento, capta preferentemente el olor y las presiones mecánicas sobre el lomo y el abdomen. Estos

---

17. Cassidy, J. y Shaver, P. R., *op. cit.*, pág. 185.

determinantes biológicos no le impiden aguzar sus percepciones sensoriales. Durante los primeros nueve días, el ratoncillo, que vive en un mundo de efluvios, aprende a distinguir el olor preciso de su madre como un firma olfativa que la caracteriza. Ese canal sensorial se impregna en su memoria y constituye así un elemento fuerte de la base de seguridad que, exterior a él, modificará sus comportamientos y lo hará audaz, explorador. Si, experimentalmente, aislamos a ese ratoncillo, la ausencia del envoltorio sensorial detendrá todos los aspectos de su desarrollo biológico. El ratoncillo sano enfermará porque su medio ha quedado desestructurado. Ni siquiera podrá digerir la leche de su propia madre que le ha sido extraída y se le ofrece en una pipeta.

La «psicoterapia» consiste pues en darle unos golpecitos en el lomo y unos leves pellizcos en la cola.[18] Muy pronto, el pequeño retoma sus exploraciones y ¡digiere la leche! Las estimulaciones provocadas por las palmadas en el lomo y los pellizcos son para él significantes biológicos que habría recibido en el medio natural si su madre, al regresar al nido, lo hubiese pisoteado o le hubiese mordisqueado la cola para apartarlo. Lamiéndole vigorosamente el vientre, la madre le habría provocado una activación eléctrica del cerebro que, comunicada al hipotálamo, habría aumentado la secreción de norepirefrina de la cría, exactamente como lo hicieron los experimentadores «psicoterapeutas». Dado que retorna al nido veinte veces por día y cada vez pisotea, mordisquea y amamanta a sus hijos, la madre estimula regularmente el cerebro de sus crías y lo hace sensible a ese tipo de información que constituye así un «equivalente funcional de impronta».[19]

18. Camp, L. L. y Rudy, J. W., «Changes in the categorization of appetitive and aversive events during post-natal development of the rat», *Development Psychology*, 21, 1988, págs. 25-42.
19. Sullivan, R. W. y Wilson, D. A., «The locus coeruleus norepinefrine and memory in newborns», *Brain Research Bulletin*, 35, 1994, págs. 467-472.

Las madres humanas no pisotean a su bebé, sino que lo rodean de un envoltorio sensorial compuesto por el brillo de los ojos, su olor, su voz y sus maneras de manipularlo que constituye un análogo de impronta. El bebé, así envuelto en un ambiente sensorial estable, impregna su memoria de todos esos datos, lo cual franquea en su cerebro las sinapsis que desde entonces le permitirán percibir preferentemente ese tipo de información. Cuando se coloca a un recién nacido entre dos bolas de algodón, una de las cuales ha sido impregnada con el olor de una persona desconocida, el bebé no reacciona. Pero si, en ese momento, se le frota vigorosamente la espalda como lo haría al arroparlo una madre, su cerebro estimulado se impregna rápidamente del nuevo olor que, de ese modo, se vuelve familiar. Y, a la mañana siguiente, cuando se coloca nuevamente al bebé entre los dos algodones, él volverá la cabeza hacia el nuevo olor y se pondrá a mamar.[20]

El envoltorio sensorial histórico

El problema en el caso de los seres humanos consiste en que este envoltorio sensorial está intensamente cargado de historia. Semejante razonamiento, que integra la historia de las representaciones mentales abstractas en un envoltorio sensorial concreto, es un argumento contraintuitivo. Nuestra cultura de un dualismo escindido nos ha enseñado a razonar separando las categorías, partiendo de la idea de que el caballo del cuerpo y el caballo del alma galopan en mundos diferentes. Y sin embargo...

---

20. Sullivan, R. M., Taborsky-Barbar, S., Mendoza, R., Itino, A., Leon, M., Cotman, C., Payne, T. F. y Lotti, I., «Olfactory classical conditioning in neonates», *Pediatrics*, 87, 1991, págs. 511-518.

Cuando la señora H. recibió por primera vez en sus brazos al bebé que acababa de traer al mundo, su primer sentimiento fue de cólera: la niña era preciosa y ¡aquello era insoportable! La señora H. rompió a llorar ante la mirada estupefacta de las parteras. De entrada, rechazó a la niña. Tuvo que hacer un esfuerzo para alimentarla y la aseaba bruscamente; nunca sentía el placer de jugar con su bebé. Que una madre se sienta desesperada porque su bebé es preciosa no parece lógico. La situación sólo puede comprenderse cuando uno conoce la historia de esta madre y sabe que su primer hijo nació con una malformación, sin el brazo derecho y con el izquierdo atrofiado. La madre se apegó a ese bebé maltrecho como uno se apega a un ser pequeño y vulnerable. Y, cuando dos años después, tuvo ante sí a un segundo bebé con los dos brazos, se vio inundada por un sentimiento de injusticia. Su historia, dolorosa y tierna con el primer hijo, la volvió hostil con la segunda porque la niña era preciosa, porque tenía los dos brazos, ¡qué injusticia! Cada pequeña lamentación de la niña provocaba reacciones agresivas: «¿De qué te quejas? Tú no puedes quejarte, tienes los dos brazos». Cuando los niños llegaron a la adolescencia, el varón había adquirido un apego seguro, era buen alumno y estaba rodeado de un grupo de amigos amables que lo ayudaron a socializarse a pesar de su desventaja. La niña, rechazada a causa de su belleza, se impregnaba de un apego inseguro de hijo mal querido, se fugaba con frecuencia y fracasaba en la escuela y socialmente.

En el ser humano la impronta no es un determinante absoluto, como creía Lorenz, pues cada estadio de su desarrollo está gobernado por determinantes de diferente naturaleza. Aún hace falta que en cada nivel del crecimiento el cerebro establezca transacciones con los envoltorios sensoriales, verbales y culturales. La construcción del género sexual puede ilustrar este razonamiento integrador.

Al comienzo, todos los embriones son femeninos pero, desde las primeras semanas, la secreción de hormonas sexuales comienza a diferenciar los cuerpos y los cerebros.[21] Los futuros órganos genitales adquieren formas específicas y el cerebro se hace sensible a informaciones que percibe mejor un sexo que otro. Esta preparación biológica sexualizada se encuentra con una situación exterior que también está sexualizada por las representaciones parentales y los mitos culturales.

No tratamos a un bebé hembra del mismo modo que a un bebé varón, con lo cual ya componemos envoltorios sensoriales diferentes que marcan ambos bebés improntas disímiles.[22] Algunos años más tarde, el desarrollo corporal y el modelado cerebral tendrán que armonizar con los relatos culturales que dicen cómo debe comportarse una niña y cómo un varón para adecuarse a la condición social de su sexo. Desde entonces, el mito organiza los circuitos que orientan la búsqueda de las adquisiciones de comportamiento sexuadas: «Un niño no debe jugar a las muñecas... No es femenino trepar a los árboles... Un hombre debería avergonzarse de hacer tareas femeninas...».

En este razonamiento, la construcción del género, primero biológico por efecto de determinantes genéticos y hormonales, transige gradualmente con el ambiente sensorial. Al principio, las representaciones parentales organizan el envoltorio de significantes en que está inmerso el niño y éste recibe la impronta de ellos. La mímica, los gestos de los padres, sus prohibiciones preverbales, sus exhortaciones, proceden de sus propias historias y de la idea que tienen de la condición sexual de su hijo. Desde los primeros años, la historia de las costumbres dispone alrededor de los bebés los modelos de comportamiento a los que deberán someterse a riesgo de no

---

21. McEwen, B. S. y Alves, S. E., «Estrogen actions in the central nervous system», *Endocrinological Review*, vol. 20, 1999, págs. 279-307.

22. Cyrulnik, B., *Sous le signe du lien*, Hachette, París, 1989; y Soubieux, M.-J. y Soulé, M., *La psychiatrie fœtale*, PUF, París, 2005.

ser completamente aceptados. A comienzos del siglo XX, un varón de buena familia debía llevar trajes con puntillas y peinarse con bucles a la inglesa hasta los siete años. Luego, de un plumazo, se le rasuraba la cabeza, se le vestía de hombre y se le enseñaba a luchar a fin de prepararlo para las guerras inevitables que habría de soportar. En estos comienzos del siglo XXI, nuestros relatos moralizadores valorizan en cambio la paridad. A las niñas recién nacidas se les atan sus tres pelos con grandes cintas de color y a los varones se les viste con ropa de fajina y luego, de pronto, cuando llegan a la adolescencia, se les dice a todos que no hay diferencias entre los sexos y que es inmoral creer en la disparidad.

Si a uno le preguntan «¿cuántos sexos hay?», ya no puede responder «dos». Si mi razonamiento es suficientemente convincente, tendremos que decir que hay gradientes sexuales que se han construido sobre fundamentos biológicos, pero que fueron orientados hacia formas diferentes, imaginarias y culturales.[23] Podemos citar el ejemplo de Louisette, quien, a los tres años, dijo: «Cuando sea grande, seré un "papá"». La carcajada de los adultos hizo penetrar la infelicidad en su vida. Su sexo anatómico ya estaba disociado de su sexo imaginario y, cuando Louisette se llenaba las bragas de papel para convencerse de que podía llegar a ser un papá, preparaba la pena inmensa que sentía luego por la noche cuando, al desvestirse, volvía a encontrarse con su anatomía real.

Seguramente Louisette se hubiera sentido menos desdichada entre los inuits del extremo norte de América, quienes piensan que el sexo imaginario es más importante que el sexo anatómico. Basta que una dama sueñe que durante la noche le creció un pene para que todo el mundo considere completamente normal que a la mañana siguiente se vista de hombre y parta de cacería.

---

23. Vidal, C., Benoit-Browaeys, D., *Cerveau, sexe et pouvoir*, Belin, París, 2005.

El medio enriquecido de los titíes

La enorme cantidad de culturas que podemos inventar con nuestros relatos se conjuga con la cantidad inimaginable de mundos mentales que podemos descubrir en cada persona. Hasta biológicamente, la vida ha adquirido una cantidad fantástica de formas diferentes gracias a la parte no codificable del genoma.[24] No podemos abordarlo todo sin caer en la confusión. Y además, la vida es tan breve... Entonces, para dar forma al mundo y para sentirnos seguros, descubrimos relámpagos de verdad de los cuales hacemos generalizaciones absurdas.

Gracias a las técnicas de captación, la neurobiología suministra un número elevado de imágenes que, al destacar la plasticidad del cerebro, cambian nuestra mirada sobre los determinismos que, casi en su totalidad, son de corto plazo. «Mil billones de conexiones neuronales nos permiten percibir, construir nuestros recuerdos, pero también saber, decidir y actuar.»[25] Nuestros pensamientos perezosos nos invitaban a creer que el cerebro, constituido de una vez y para siempre, se desgastaba a través de los años con los accidentes de la vida. Los neurólogos tuvieron que trabajar arduamente para que se aceptara la idea de que un aprendizaje espontáneo o intencional podía nutrir y desarrollar las neuronas. Hoy, los científicos aceptan naturalmente la idea de que las células del hipocampo, las más sensibles a las experiencias emocionales, modifican la eficacia de las sinapsis, las mejoran o las alteran, según la manera en que las entrene el medio.

Los monos titíes criados en medios enriquecidos por ramas, cavidades y cascadas que pueden explorar y con reco-

---

24. Devau, G., Seminario Lourmarin Janssen-Cibag, 17 de diciembre de 2005.
25. Laroche, S., «Comment les neurones stockent les souvenirs», *Les Dossiers de la Recherche*, n.° 22, febrero-abril de 2006.

vecos para esconderse han desarrollado un hipocampo y una corteza prefrontal henchida de dendritas y de cuerpos celulares, de prolongaciones nerviosas y de sustancias conductoras del influjo. Los monitos de la misma especie criados en medios empobrecidos tienen dendritas más cortas y proteínas sinápticas menos abundantes, lo cual explica la atrofia de ciertas zonas cerebrales y la lentitud de las adquisiciones cognitivas.

Cuando una rata madre lame el vientre de su hijo recién nacido, estimula a la vez el cerebro y los reflejos digestivos del pequeño. Algunas semanas más tarde, la misma interacción ya no tendrá el mismo efecto puesto que en los ratoncillos la sinaptogénesis fulgurante del comienzo de la vida se lentifica muy temprano y los hace menos sensibles a la misma información de la lamida. Una estimulación externa nutre el cerebro y aumenta así sus conexiones, en un proceso semejante al de un músculo que se ensancha cuando es entrenado. Los circuitos sinápticos estabilizados abultan el cerebro y avivan el tratamiento de las informaciones.[26] Pero el cerebro no recibe cualquier información. Absorbe las estimulaciones de las que estaba ávido: una abeja se embelesa con los olores y los ultravioletas, un elefante con los infrasonidos y un bebé con las caricias y los fonemas, pequeños elementos sonoros del lenguaje articulado que ya le hacen vivir en un mundo sensorial orientado hacia la palabra. Una vez modelado por las improntas de su medio, el cerebro se alimenta de las informaciones biológicas a las que esos encuentros precoces le han hecho preferentemente sensible. Después de esto, ¡que trate alguien de resolver el problema de lo innato y lo adquirido!

La morfometría cerebral hoy está muy avanzada. Permite medir la profundidad de los surcos y de las circunvoluciones

---

26. Siegel, D.-J. y Hartzell, M., *Parenting from the Inside Out: How a Deeper-Self-Understanding Can Helps You Raise Children who Thrive*, Penguin Putnam, Nueva York, 2003.

cerebrales gracias a la resonancia magnética (IRM) en tres dimensiones. Las fotografías permiten examinar la variación de las estructuras que se establecen antes del nacimiento y comienzan a experimentar el poder modelador del medio.[27] Este método ofrece la posibilidad de estudiar con precisión la variación del consumo de energía de la corteza. Las imágenes cuantificadas producen una cifra representada por un color en la fotografía del escáner: cuando una zona cerebral consume mucha glucosa por minuto y por centímetro cuadrado porque funciona intensamente, esta parte de la corteza se «ilumina» de color amarillo o rojo. Y cuando se la utiliza poco, queda negra o azul. Según el tipo de sufrimiento psicológico, el mapa cerebral se tiñe de colores variados. Los lóbulos prefrontales de los esquizofrénicos permanecen en los tonos del azul y apenas funcionan, mientras que las personas sanas lo tiñen de rojo, revelando así su disposición de espíritu a anticipar, a indagar constantemente los objetos y los proyectos que habrán de realizar. Los depresivos melancólicos presentan una hipofrontalidad más marcada a la izquierda y con esta imagen muestran que ya no tienen deseos de hablar. En efecto, la base de la frontal ascendente izquierda* se ilumina cuando una persona diestra se dispone a hablar. Y si, por alguna enfermedad, por tener una existencia difícil o relaciones perturbadas, esa persona ya no siente una disposición a hablar, su estado de alma ya no provoca el aumento de consumo de glucosa energética en el lóbulo frontal izquierdo.

El cerebro llega a ser así consecuencia de un estado de ánimo, con tanta seguridad como que este último puede ser la consecuencia del cerebro: un aislamiento afectivo apaga los dos lóbulos prefrontales tan fatalmente como una alteración

---

27. Martinot, J.-L., «Apport de l'imagerie cérébrale dans la plasticité liée à la dépression: à propos de deux exemples», *Culture Psy-Neurosciences*, n.º 1, 2005, págs. 4-5.

orgánica de esos dos lóbulos apaga todo estado del ánimo. ¡Otra vez aparecen los dos caballos alados!

El sueño de los ciegos

Para explicar cómo funciona el inconsciente cognitivo, uno puede preguntarse cómo sueñan los ciegos. Puesto que la mayor parte de nuestros sueños están conformados por imágenes y fuertes emociones, ¿cómo hacen los ciegos de nacimiento para producir las imágenes de sus sueños? Este problema es importante ya que todos, hasta los hombres de acción, pasamos un tercio de nuestra vida en una cama, soñando. Por otra parte, el sueño es un acto inmóvil que corresponde a un momento en el que nuestro cerebro consume una enorme cantidad de energía poniendo en cortocircuito los músculos del cuerpo que, en el momento en que soñamos, están completamente flácidos. Es fácil hacerle un IRM (imagen de resonancia magnética) o un EEG[28] a una persona que duerme. En el IRM de una persona que sueña, se ve sin dificultad que las zonas occipitales que tratan las informaciones con las cuales hacemos las imágenes se tiñen de rojo. En el EEG, después de un breve estado crepuscular de adormecimiento, se ven aparecer claramente amplias ondas eléctricas lentas que preceden la alerta cerebral en el momento en que el cuerpo está flácido y profundamente dormido. Las figuras visuales que surgen en este momento dibujan nuestras emociones no del todo conscientes, y revelan así, mediante imágenes simbólicas, los problemas de los que hemos huido en estado de vigilia. Un acontecimiento real ha abierto un circuito cerebral no consciente que, por efecto de la alerta eléctrica desencadenada mientras la persona dormía, por la estimulación de un núcleo del tronco

---

28. EEG: electroencefalograma.

cerebral,[29] despierta esos surcos cognitivos y provoca una imagen.

Los ciegos de nacimiento confirman esta hipótesis cuando explican que sueñan sin imágenes. Sólo ven colores, arcos eléctricos y bordados luminosos, lo que nos ocurre cuando hacemos presión sobre el globo ocular. Puesto que la corteza cerebral del ciego no fue surcada por las informaciones visuales del día anterior, los sueños no pueden despertar ninguna imagen.

Las personas que perdieron la vista antes de los cinco años ven al soñar cuadros abstractos un poco más elaborados que los arcos y las puntillas luminosas de los ciegos de nacimiento. Sólo cuando perdieron la vista después de los siete años, los ciegos pueden soñar con las imágenes impregnadas en su corteza occipital.

Quienes quedan ciegos a la edad adulta o en la vejez no sólo tienen sueños colmados de imágenes, sino que con frecuencia tienen alucinaciones visuales… ¡siendo ciegos![30]

El IRM plantea otra cuestión: cuantas menos imágenes crea el lóbulo occipital, como sucede en las personas que ven mal, más energía consume, energía que enciende la parte posterior del cerebro. Una persona sana que percibe con precisión las longitudes de las ondas visuales que su cerebro reorganiza en imágenes consume exactamente la energía que necesita para poner en funcionamiento la punta extrema del lóbulo occipital, que se observa como una pequeña mancha roja.*

Entre los ciegos, la imprecisión del tratamiento de la información y el gran consumo de energía les permiten ir a buscar algunas informaciones compensatorias en otras zonas cere-

---

29. Dement, W. C., *Dormir, rêver*, Seuil, París, 1981; y Peretz, L. *Le monde du sommeil*, Odile Jacob, París, 1998.

30. Lebon, O., citado en N. Daki, «Rêve et cécité: une question de sens», *Le Monde de l'intelligence*, enero-febrero de 2006.

brales. Así es como una imagen mal procesada, difundiéndose hasta la parte anterior del lóbulo occipital, alcanza las zonas del lóbulo parietal que habitualmente tratan las informaciones del tacto. Estos circuitos compensatorios se establecen rápidamente y explican por qué, cuando un ciego lee en Braille, palpando un libro, lo que se ilumina es su zona occipital, como si la persona estuviera viendo imágenes: el tacto hipertrofiado ha ocupado el lugar de la visión faltante. La resiliencia es, antes que nada, neuronal.

Tuve ocasión de hacer un experimento en la más completa oscuridad y quedé sorprendido por la nueva manera de percibir lo que me rodeaba y porque descubrí en mí un mundo sensorial instantáneamente diferente. Por supuesto, no me animé a andar y tuve que ser ayudado. Desde el primer momento en que alguien me dirigió la palabra, no pude más que escuchar atentamente y esta postura de inmovilización suprimió todas las sincronías mímicas y gestuales de mis conversaciones. Me había convertido en una oreja. También me transformé en una nariz, pues bastó que un colega descorchara una botella para que yo sintiera de inmediato, con gran intensidad, un olor a ¡ácido acético! Un vino bueno, en la oscuridad absoluta, olía a vinagre, lo cual me hizo comprender que bebemos en parte con los ojos. Y también me había convertido en un captador de calor pues, cuando el que había destapado la botella pasó detrás de mí, sentí como una evidencia palpable, el calor de su cuerpo, su volumen y la distancia a que se hallaba de mí. En la oscuridad también el gusto de los alimentos había cambiado: yo palpaba con la nariz, olisqueaba la fiebre de los demás y percibía con agudeza la mínima vacilación de sus voces. Bastó que encendiéramos la luz para que mi envoltorio sensorial, muy lentamente, perdiera ese poder de compensación. Pensé en los autistas y en los superdotados que asocian fácilmente los colores y los sonidos, la música y los olores y creen que la palabra es un objeto sensorial. ¿Puede existir acaso un modo de reprogramar, de abrir de maneras diferentes, de trazar, otros circuitos cerebrales? La plasticidad cerebral es mucho mayor de lo que se creía, pero no es infinita.

Hoy podemos proponer razonamientos que integren los datos científicos en lugar de oponerlos:

- Lo que desencadena el sueño paradójico (sueño de alerta, mientras el cuerpo se desconecta del mundo exterior) es un núcleo del tronco cerebral. El determinante es claramente genético puesto que cada especie duerme a su manera, según su código. Ciertas enfermedades del sueño, comunes a los perros y a los seres humanos, que al dormirse experimentan sobresaltos a cada emoción fuerte,[31] se transmiten genéticamente.
- Además, la impronta cerebral venida del mundo exterior ha abierto en el cerebro circuitos neuronales que explican los rastros de memoria sin recuerdos.
- En el momento de las alertas cerebrales del sueño, las ondas bioeléctricas pasan más fácilmente por esos circuitos que ya trazó la impronta de los acontecimientos de los días precedentes. Esta estimulación electroquímica produce pues las imágenes, los colores, los sonidos y las emociones fuertes del sueño.
- Cuando despertamos, podemos tratar de recordar esas extrañas tramas nocturnas, testigos de que algunas huellas fueron despertadas y revelaron lo que no estaba en el plano de la conciencia.
- Para poder integrar esos argumentos a nuestra vida cotidiana y descubrir una parte del inconsciente, bastará con elaborar las tramas, hacer con ellas un trabajo verbal, como nos enseñó Freud.[32]

---

31. Derouesné, C., *Pratique neurologique. Narcolepsie, maladie de Gélineau*, Flammarion, «Médecine», París, 1983, págs. 167-168.
32. Freud, S., *Le rêve et son interprétation*, Gallimard, París, 1925.

Si suprimimos un solo punto de ese sistema, el conjunto se derrumba: sin tronco cerebral y sin neuromediadores, ¿con qué podríamos soñar? Sin la apertura de circuitos sinápticos y sin la impronta del mundo exterior, ¿cuál sería el contenido de nuestros sueños? Sin imagen y sin emoción ¿por qué soñaríamos? Y sin que otro preste atención a nuestro relato, ¿qué haríamos con nuestros sueños?

La impronta sexual

La oxitocina, la vasopresina y los opioides cumplen una función esencial en la impronta y el estilo de socialización.[33] En un polluelo, la separación de la madre provoca un trastorno de la conducta, un enloquecimiento tal que el pequeño no puede socializarse (en el sentido gallináceo del término, que consiste en aprender los ritos de interacción de su especie). Pero inyectándole un poco de esas sustancias es posible transformarlo en un pollito que no sufra la pérdida, que no tenga necesidad de una figura de apego y se socialice mal, de la manera más eufórica que pueda imaginarse. La asociación de la angustia y del alivio que provocan los reencuentros le dan a la gallina madre una jerarquía sensorial, la destacan como figura de apego y el polluelo la adopta como base de seguridad a partir de la cual adquiere el placer de socializarse: lo que le enseña esta agradable habilidad es un par de opuestos. Los caballos alados, otra vez, ¡ahora entre los pollitos!

Gracias a las neuroimágenes podemos ver cómo la oxitocina se extiende en las «zonas de la felicidad»: el área cingular anterior de la cara interna de la corteza, el área preóptica de la cúpula diencefálica, el núcleo dorsomedio del tálamo y el área gris periacueductal que conduce al tronco cerebral.*[34]

33. Panksepp, J., *Affective Neuroscience*, op. cit., págs. 272-275.
34. *Ibíd.*, pág. 272.

En el hombre, tanto como en la mujer, la oxitocina se origina como una secreción de los núcleos del hipotálamo posterior* y de allí se disemina en la sangre a través de la hipófisis. Lo que estimula la emisión de esta hormona –cuyos receptores son diferentes en el hombre y en la mujer– es una relación humana. En el momento de la relación sexual, los dos segregan mucha oxitocina que los pone eufóricos y sensibles al compañero, con lo cual crean un período propicio para la impronta mutua: cada uno aprende de memoria cuánto quiere al otro. En las mujeres, el parto, que no es forzosamente una excursión de placer, provoca al mismo tiempo un intenso aumento de oxitocina euforizante. ¿Será por eso que tantas mujeres dicen que ese momento de dolor fue uno de los más felices de sus vidas? Recuerdo a una mujer que aulló durante todo el parto suplicando que alguien detuviera aquella tortura y que, una hora después, calmada y ya acicalada, les contaba a sus padres que todo había sido perfecto. El sentido que atribuía, retrospectivamente, al hecho de haber traído un bebé al mundo se agregaba a los opioides para modificar casi de inmediato la representación del dolor pasado y transformarlo en un relato de felicidad.[35]

Cuando la madre amamanta, la succión del bebé provoca a su vez un aumento de oxitocina y contracciones del útero, como en todo acto de amor. Tampoco la historia de la dama es ajena a la secreción de esta neurohormona: mientras ella comparte un placer con el hombre que ama, segrega colecistoquinina, una sustancia que aumenta su bienestar. La mera percepción de aquel con quien conjuga su goce aumenta el placer de las estimulaciones que él le prodigue. Esto probablemente explique por qué la masturbación provoca una se-

---

35. McNeilly, A. S. y Robinson, I.C., «Release of oxytocine and prolactin response to suckling», *British Medical Journal*, 286, 1983, págs. 257-259.

creción menor de oxitocina que un verdadero encuentro sexual.[36]

El efecto biológico de la palabra

Para coronar el conjunto está el efecto afectivo de la palabra que libera emociones de pesar, de alegría, de sorpresa o de tranquilidad inducidas a su vez por modificaciones biológicas. Treinta pacientes fueron sometidos durante su depresión a un estudio de resonancia magnética y a un control posterior a un año de evolución. En el momento de la depresión, no hay diferencias entre los hipocampos de las personas que sufren y los de los miembros de un grupo testigo de treinta personas felices. Sin embargo, «pasado un año, los que todavía sufrían manifestaban una reducción significativa de las células del hipocampo»,[37] mientras que los que habían hablado y a veces tomado medicamentos, ya no revelaban ninguna atrofia. Hoy es posible interpretar estas imágenes desde los puntos de vista biológico y psicológico: quienes sufrieron sin poder dominar sus emociones segregaron demasiado cortisol de manera crónica. Las paredes de las células del hipocampo, muy sensibles a esta sustancia, se han edematizado. Los canales dilatados de la pared dejaron entrar demasiado calcio que, al invertir el gradiente iónico, inflamaron las células hasta la explosión. En el otro extremo, los que lograron dominar la emoción con ayuda de un psicoterapeuta o de un medicamento, elaborando relatos y teorías para tratar de analizar las razones de su sufrimiento, sin quedarse rumiando, es decir,

---

36. Odent, M., *The Scientification of Love*, Free Association Books, Londres-Nueva York, 1999.
37. Frool, T., Meisenzahl, E. M. y Zetzche, T., «Hippocampal and amygdalo changes in patients with major depressive disorder and healthy control during a 1-year follow up», *Journal Clinical Psychiatry*, 65, 2004, págs. 492-499.

tomando cierta distancia y estableciendo una relación afectiva con otro, aprendieron a controlar su desazón, poco a poco, palabra por palabra, afecto tras afecto, molécula por molécula, lo cual no sólo disminuyó sus niveles de cortisol, sino que además evitó la explosión de las células del hipocampo.

Todo lo que pueda vencer la biología del sufrimiento provocado por una percepción o una representación calma al paciente y actúa sobre su déficit de BDNF.[38] La atrofia es por lo tanto reversible pues, actuando en cualquier punto del sistema de relaciones sobre la célula nerviosa, sobre la manera de «ver las cosas» o sobre el medio que rodea al paciente, se reanuda la secreción de ese factor nutriente del cerebro. Cuando la narración vuelve a dar coherencia al mundo alterado, cuando la relación instaura un vínculo que inspira seguridad, se restablece el buen funcionamiento de las sinapsis.

¡La biología encuentra una explicación del efecto mágico de las palabras!

Memoria prehistórica y recuerdos prohibidos

El gran problema que queda por resolver es el de la diferencia entre el inconsciente de los psicoanalistas y lo no consciente de los cognitivistas. En el modelo hidráulico freudiano, para el sujeto las fuerzas en ebullición procedentes de las pulsiones del Ello son insoportables, pues, para el medio, son inaceptables. Ahora bien, el sujeto las bloquea gracias al Superyó y de esta represión nacen los síntomas que deja salir la válvula del Yo.[39]

---

38. BDNF: *brain derived neurotrophic factor* = sustancia que nutre las células del cerebro, en J.-P., Olié, «De la neuroplasticité à la clinique de la dépression», *Culture Psy-Neurosciences*, n.º 1, 2005.

39. Cyrulnik, B. y Duval, P. (comps.), *Psychanalyse et Résilience*, Odile Jacob, París, 2006, pág. 9.

Lo no consciente del apego no obedece a un conflicto intrapsíquico. Tiene sus raíces en un par de opuestos: el temor del mundo exterior desconocido subraya el efecto tranquilizador que produce una figura conocida y provoca el apego. Sin el pavor de lo desconocido, asociado a la familiaridad consoladora, no se entreteje el apego. Un niño privado de una base de seguridad no tiene a quién apegarse. Igualmente, quien está privado de pavor no tiene razón para apegarse. El conflicto no es intrapsíquico; la batalla se libra entre un mundo exterior que se impregna en el mundo íntimo del sujeto dejando surcos cerebrales. Esta memoria sin recuerdos crea en la persona sensibilidades preferidas y habilidades para relacionarse no conscientes, una especie de memoria del cuerpo. Podemos considerar que esas huellas, la primera apertura de sendas de que hablaba Freud,[40] son «de tipo traumático, del tipo que irrumpe con violencia. Se producen por la acción de excitaciones intensas procedentes del exterior».[41] Esta memoria prehistórica no necesita recurrir a la represión para frenar los recuerdos. La prohibición de llegar a la conciencia no pesa sobre las evocaciones porque, en ese estadio de desarrollo, la impronta es sináptica, se produce en plena materia cerebral. Semejante a lo que hoy los neurólogos llaman «memoria implícita» o preconsciente, ésta es una memoria biológica a la que no sería hostil Freud, quien habló claramente del «entierro de las percepciones [...] en el que la primera superficie de inscripción se convierte en el núcleo de la psique».[42] El contexto científico de comienzos del siglo XX no le ofrecía aún el concepto de sinapsis que seguramente

---

40. Freud, S. (1895), «Esquisse d'une psychologie scientifique», en *La naissance de la psychanalyse, op. cit.*, págs. 307-396; y Freud, S. (1920), «Au-delà du principe de plaisir», en *Essai de psychanalyse*, Payot, París, 1951, págs. 5-75.

41. Roussillon, R., *Le Plaisir et la Répétition. Théorie du processus psychique*, Dunod, París, 2001, pág. 121.

42. Freud, S. (1920), «Au-delà du principe de plaisir», *op. cit.*

habría contribuido a precisar su pensamiento. Pero sus conocimientos de neurología y sus lecturas de Darwin le permitían pulsar la noción de impronta y afirmar que «para la psique, la biología hace las veces de piedra de sustentación».[43]

De modo que hay dos tipos de memorias inconscientes: una sin recuerdos posibles y la otra sin recuerdos evocados. La memoria que caracteriza el inconsciente cognitivo es una memoria impregnada en la «roca de lo biológico» Está constituida por huellas mnemónicas procedentes de informaciones exteriores, da una connotación afectiva al mundo percibido, es prepsicoanalítica. La otra memoria inconsciente está constituida por recuerdos que la persona no utiliza para no alterar la imagen que tiene de sí misma y no correr el riesgo de sufrir un rechazo en sus relaciones interpersonales. Es una memoria psicoanalítica y podría definir la represión. El inconsciente cognitivo le da un sabor al mundo y el inconsciente freudiano, al impedir que ciertos recuerdos se eleven al plano de la conciencia, explica por qué tantas personas están sujetas a la repetición. Se trata de «dos lógicas de inscripción diferentes»[44] que, sin embargo, participan en la construcción del mundo psíquico de una misma persona.

Los caballos que tiran en direcciones opuestas

El problema que se nos presenta ahora es averiguar cómo esos dos inconscientes consiguen coordinarse para tirar de un mismo carro.

El simple acto de la madre de lamer el vientre de su cachorro recién nacido desencadena la expulsión de una gelatina azulada que libera el intestino y pone en movimiento las

---

43. Freud, S., «Analyse terminée et analyse interminable», *Revue française de psychanalyse*, n.º 1, 1937, págs. 3-38.
44. Rousillon, R., *op. cit.*, pág. 122.

contracciones digestivas del pequeño. Cuando una perra que acaba de parir no lame el abdomen de uno de sus cachorros, éste muere por oclusión intestinal. Una hembra puede no lamer a su hijo por estar agotada, porque su propio desarrollo se ha alterado o porque el cachorro recién nacido no estimula sus comportamientos maternales. En todos estos casos, que responden a causas diferentes, la madre tiene miedo del hijo, siente que es un agresor. Esta sensación de alerta aumenta la secreción de las hormonas del estrés y esto trastorna el encadenamiento de los comportamientos.[45] Puede ocurrir entonces que mordisquee con furia el cordón umbilical y continúe comiéndose el vientre del pequeño.

En la especie humana, evidentemente la dimensión biológica existe, si no la madre no habría quedado encinta, pero lo que gobierna las actitudes de respuesta de la mujer es la significación que adquiere el niño para ella. Las más de las veces, su historia le permite atribuirle un sentido al bebé que acaba de dar a luz: «Por él voy a interrumpir mi carrera de cantante...», «Cuando veo la cara de este bebé, pienso en el hombre que me violó». Estas representaciones conscientes e inconscientes organizan el estilo del comportamiento con que esa madre rodea al niño. Los separadores entre madre e hijo son necesarios a lo largo de toda educación, pero la manera en que se separen y el estilo de los reencuentros dependerán de la historia de cada uno. Durante las dos primeras semanas de existencia, toda separación eleva la secreción de corticoesteroides[46] y el menor reencuentro calma esta alerta, siempre que la madre esté suficientemente serena. Lo cual

---

45. Liu D., Dioro, J., Day, J. C., Francis, D. D. y Meaney, M. J., «Maternal care, hipocampal synaptogenesis and cognitive development in rats», *Nature Neuroscience*, 3, 2000, págs. 799-806.

46. Lupien, S. J., King, S., Meaney, M. y McEwen, B. S., «Child's stress hormone levels correlate with mother's socio-economic status and depressive state», *Biological Psychiatry*, 48, 2000, págs. 976-980.

equivale a decir que, si las separaciones duran demasiado, hasta el punto de llegar a ser abandonos o de provocar aislamientos sensoriales, la alerta biológica, nunca calmada, termina por hacer estallar las células, lo cual explica la atrofia del hipocampo y la inestabilidad emocional que se registra en los niños aislados.

También puede decirse que, cuando nunca hay separación, la rutina que rodea al bebé suprime toda sensación de acontecimiento. La ausencia de apertura de circuitos sinápticos de un cerebro no estimulado hace a esos niños pasivos, incapaces de decidir. Sólo el acople de la tristeza de la separación y la felicidad de los reencuentros le enseña al niño cómo superar sus pequeños pesares y le permite adquirir un sentimiento de confianza.

Cuando una madre demasiado devota entumece la constelación afectiva que rodea al hijo, con frecuencia el niño consigue tender un lazo que le aporte dinamismo con el padre, con una tía, una hermana mayor o un amigo del barrio. Un niño maltratado puede establecer un vínculo ambivalente con el padre o la madre que lo maltrata, pero al mismo tiempo puede trazar en su memoria la posibilidad de un lazo cálido adquirido con algún otro pariente. Ésta es la razón por la cual es conveniente que los niños en riesgo estén protegidos por constelaciones familiares ampliadas en las cuales puedan entretejer a la vez un vínculo difícil con un pariente y otro vínculo tranquilizador con un familiar que le brinde seguridad. Ambivalente con un adulto, se vuelve seguro con otro.

Los bebés de pecho desorganizados han desarrollado un apego imprevisible porque la transacción entre su malestar íntimo y el envoltorio afectivo de los adultos no permitió la impregnación de un apego estable. Cuando son observados a partir de los dieciocho meses y se les compara con una población de bebés seguros, uno advierte muchos comportamientos agresivos en la cuna. Tres o cuatro años después, el 71 por ciento de esos niños desorganizados son agresivos en la escuela, cuando en el grupo de bebés seguros ese índice es de sólo el 5 por ciento.[47] La impronta de un ambiente en guerra o de una familia disfuncional le enseñó a ese bebé un apego desorganizado que preanuncia hostilidad.

Si detenemos nuestras reflexiones en este trabajo, correremos el riesgo de adoptar un determinismo inexorable. Pero si agregamos otras observaciones, por el contrario, deduciremos que la plasticidad de las improntas es tan grande que con sólo cambiar el ambiente de crianza del pequeño basta para orientarlo a un desarrollo más agradable. En caso de desgracia, un apego seguro ofrece grandes probabilidades de resiliencia puesto que, antes de la herida, el pequeño ya adquirió la capacidad de transformar a todo adulto en una buena madre. Después del desastre, sufrirá menos angustia y será menos hostil pues sabrá buscar el sustituto que le hace falta para regular sus afectos.[48] Además es necesario que del medio surja alguien que quiera servirle de base de seguridad. Lo que verdaderamente facilita la recuperación evolutiva resiliente es un encuentro, una transacción afectiva entre lo que el niño es después de la herida y lo que su familia y su cultura disponen a su alrededor.

Los niños que forjan apegos inseguros, con más dificultades para amar y dejarse amar, tienen una fuerte probabilidad de sufrir depresión en la edad adulta. Sus angustias, su agresividad inducida por el temor y sus dificultades psicosomáticas son más frecuentes que en la población general.[49]

---

47. Lyons-Ruth, K., Jacobowitz, D., «Attachment disorganisation: unresolved loss, relational violence, and lapses in behavioural and attentional strategies», en J. Cassidy y P. R. Shaver, *op. cit.*, págs. 520-554.

48. Kobak, R. y Sceery, A., «Attachment in late adolescence: working models, affect regulation and perceptions of self and others», *Child Development*, 59, 1988, págs. 135-140.

49. Vaillant, G. E., *Ego Mechanisms of Defence. A Guide for Clinicians and Researchers*, American Psychiatric Association Press, Washington D.C., 1992.

Pero cuando un acontecimiento afectivo los conmueve profundamente, ya sea el primer amor,[50] un encuentro con un sacerdote, un artista, un psicoterapeuta o cualquier otra figura significativa, esa persona crea una nueva relación, un nuevo período sensible: más tarde podrá impregnar en su interior un estilo de apego diferente.

Es posible defender la idea de que todos estos apegos son improntas cognitivas, aprendizajes ignorados. El sujeto aprendió a amar sin darse cuenta y hasta diciendo que nunca aprendió. Lo que vemos del mundo es minúsculo en comparación con la inmensidad de lo real que somos incapaces de percibir. Y sin embargo, ese pequeñísimo rincón del mundo debe ser coherente para que podamos responder a él de manera igualmente coherente. Hasta la reducción de las informaciones, la amputación del mundo, nos permite darle una forma clara y menos angustiosa.

Neurología del inconsciente ignorado

En 1899, Anton, un neurólogo, informaba una observación de un ciego que no era de ningún modo consciente de su condición de tal. En la autopsia, los médicos descubrieron dos pequeñas lesiones occipitales que explicaban por qué el enfermo ya no podía ver. Los ojos estaban intactos, pero el cerebro ya no era capaz de dar forma de imagen a las percepciones visuales. El ciego decía: «No soy ciego, yo podría ver si quisiera».

En 1914, Babinski describe el mismo fenómeno pero relacionado con una hemiplejia izquierda debida a una lesión

---

50. Cyrulnik B., Delage M., Blein, M. N., Bourcet, S. y Dupays A., «Modification des styles d'attachement après le premier amour», artículo aceptado por los *Annales médico-psychologiques* (de próxima aparición).

temporoparietal derecha en una persona diestra. El enfermo sostenía que no estaba paralizado y exigía que quitaran esa mano extraña que alguien había apoyado en su cama.

En 1923, Barré describe una hemiplejia izquierda de la que el enfermo no fue consciente durante el tiempo que estuvo paralizado. Pero cuando se curó, su cerebro reparado le permitió cobrar conciencia de la enfermedad pasada y decir: «Es espantoso, ahora me doy cuenta de que estaba paralizado».

Hasta la memoria autobiográfica puede hacerse no consciente por razones neurológicas: durante un accidente de caza, el señor T. perdió un ojo y se afligió enormemente. Algunos años después, sufre una embolia parietoccipital derecha y, para asombro de la familia, asegura obstinadamente que no está paralizado y que ve con los dos ojos. La alteración de las zonas de neuronas asociativas alrededor de las zonas de percepción visual le impedían tener la menor conciencia de su enfermedad.

De modo que, por razones neurológicas, uno puede negar heridas reales como también puede ocurrir lo contrario: que una persona tome conciencia de heridas que no existen. Los miembros fantasma ilustran ese fenómeno: una persona a la que se le ha amputado un pierna siente que le duele. Percibe con exactitud el dolor de un pie que en realidad no existe, pero que persiste en su memoria. Los circuitos cerebrales del sufrimiento funcionan aún y recuerdan el dolor experimentado en el pasado. Este fenómeno frecuente explica la permanencia de las imágenes de horror y del sentimiento de pánico que acosa a las personas que han sufrido un trauma: «Como si hubiese ocurrido hace un instante». Cada día se experimenta en la memoria el espanto, cuando su causa ha desaparecido mucho tiempo antes. Pruebas de la impronta, el miembro fantasma y el aprendizaje implícito trazan en la memoria un inconsciente cognitivo.

El test de la casa que se incendia nos hará comprender cómo una falsa alegación puede dar forma al inconsciente cognitivo. En ciertos enfermos una pequeña alteración parietoccipital derecha les hace ignorar el espacio izquierdo. Sabemos que lo perciben porque evitan los obstáculos, pero al mismo tiempo niegan que haya obstáculos. A estas personas se les muestra una lámina donde se ha dibujado, a la derecha, dentro del campo percibido y consciente, una casa verde y, a la izquierda, en el campo percibido pero no consciente, una casa roja que se incendia. Cuando uno les pregunta: «En este dibujo, ¿hay una casa que se incendia?», la respuesta es siempre «No». Luego se les muestra otra lámina con casas verdes y casas rojas que no se incendian y se les pregunta: «¿En qué casas le gustaría vivir?». Todos eligen vivir en las casas verdes y dan explicaciones curiosas. La contraexperiencia consiste en invertir los colores y hacer que se quemen las casas verdes. Entonces todos eligen las casas rojas y sostienen que nunca les mostraron casas verdes que se incendiaran.[51]

Es posible desenmascarar el inconsciente cognitivo en ciertas situaciones significativas. Cuando se les pide a esos enfermos que ignoran el espacio visual de la izquierda que copien la palabra ALDEA escrita en una letrero, ellos escriben DEA. Pero si uno les pide que deletreen la misma palabra, no olvidan ninguna letra, lo cual prueba que pueden responder a una representación entera de la palabra «aldea», aunque sólo puedan tomar conciencia de la mitad percibida.[52]

Esta noción de huellas mnemónicas no conscientes que nos gobiernan sin que lo sepamos es fácil de verificar cuando se les pide a los pacientes amnésicos que armen un rompecabezas. A cada repetición, mejoran su rendimiento, lo que

---

51. Marshall, J. C. y Halligan, P. W., «Blindsight and insight in visuo-spatial neglect», *Nature*, n.º 336, 1988.
52. Hillis, A. y Carmazza, A., «The effects of attentional deficits on reading and spelling», *Cognitive Neuropsychology and Neurolinguistic*, Erlbaum, 1990.

prueba que van adquiriendo experiencia, aun cuando sostengan que es la primera vez que ven ese rompecabezas.[53] Hasta los amnésicos pueden aprender ¡y decir que nunca tuvieron ocasión de aprender!

Estos test pueden explicar además la sinceridad de las falsas alegaciones de agresión sexual. En el momento en que se presentan en la comisaria, esas mujeres responden a una representación de agresión sexual en la que creen francamente pues la experimentan con tanta precisión como si realmente la hubieran sufrido. No siempre estamos ante una mentira o una mitomanía. En la mayor parte de los casos, ha existido un dispositivo de relación en lo real que impregnó en el inconsciente cognitivo de esa mujer una sensación de riesgo de agresión sexual. Puede deberse a que un hombre, por su manera de comportarse, la haya obligado a considerar ese riesgo. O tal vez esa idea se presentaba fácilmente en su mente porque la mujer se sentía violada cada vez que un hombre le sonreía. Sea cual sea el origen de ese recuerdo de agresión sexual, lo más probable es que haya habido un acontecimiento real que se impregnó en su inconsciente cognitivo. La falsa alegación lo testimonia.

Amor, maltrato y contrasentido afectivo

Las causalidades lineales son las más convincentes; lástima que tan a menudo sean además arbitrarias. Lo evidente y lógico sería pensar que, cuando un niño sufre maltrato, se lo reproche a los padres y trate de huir, con lo cual adquiriría un estilo afectivo esquivo. Pero resulta que las observaciones longitudinales, el seguimiento de niños maltratados, lleva a conclusiones que están en contra de tal intuición. Con fre-

---

53. Milner, B., Corkin S. y Teuber, H. L., «Further analysis of the hippocampal amnesic syndrome», *Neuropsychology*, n.º 6, 1968.

cuencia, después de haber sufrido y haberse desarrollado con dificultad, esos niños perdonan a sus padres e intentan reanudar los lazos desgarrados. También es cierto que puede ocurrir lo contrario, pues no es raro comprobar que niños rodeados de cariño manifiestan trastornos de apego.[54] Los largos cuestionarios que se utilizan para evaluar el apego a la madre y al padre se consideran bastante confiables.[55] Sucede a veces que los dos padres expresan un apego seguro y que la observación, sin embargo, atestigua que el vínculo no es bueno. Desde los primeros meses, cuando la madre se acercaba, el bebé rompía a reír de una manera excesiva que pronto se transformaba en llanto. En cuanto la veía, tendía los brazos hacia ella y luego se volvía y manifestaba súbitamente intensas actitudes de repliegue. Era difícil suponer que semejante apego desorganizado fuera la consecuencia de una dificultad de los padres. La expresión de las emociones del bebé no hallaba el modo de adquirir una forma comunicante. ¿Podía acaso estar asustado de sus propias emociones? Los ritos de interacción que permiten comprender y esperar lo que el otro se apresta a hacer en este caso no surtían efecto. Los padres, aunque se sentían desorientados, perseveraron acercándose siempre con ánimo tranquilizador y, alrededor del décimo mes, el bebé se calmó, dejó de sobresaltarse ante el menor ruido y finalmente aceptó dejarse mimar.

¿Cómo explicar la evolución favorable de este panorama que se presentó tan difícil durante los primeros diez meses? La madre, ¿había sufrido estrés durante el embarazo? El bebé, ¿era un débil transportador de serotonina y esto lo ha-

---

54. Main, M., «Recent studies in attachment overview with selected implications for clinical work», en S. Goldberg, R. Muir y J. Kerr, *Attachment Theory*, The Analytic Press, Hillsdale, Nueva Jersey-Londres, 2000, pág. 425.

55. AAI: *attachment adult interview*, Main, M., Hesse, E., Van IJzendorn, M. H., *The Berkeley-Leiden Adult Attachment Questionnaire*, University of California, Berkeley, 1999.

cía sensible a todo acontecimiento imprevisto? Sea cual sea la causa biológica o ambiental, sería comprensible que los padres hubiesen reaccionado mal. Permanecieron calmados durante diez meses, porque eran felices estando juntos y se sentían socialmente seguros. Por ello conformaban con sus cuerpos un envoltorio sensorial estable y calmo que finalmente apaciguó al bebé. Imaginemos que el padre hubiese tenido dificultades en su lugar de trabajo; en ese caso probablemente se habría sentido exasperado por el llanto inconsolable que desvelaba cada noche a su hijo. Imaginemos que la madre no tuviera una buena relación con su marido o que ese bebé agotador y poco gratificante hubiera evocado en ella una significación de agresión: los ritos de interacción habrían terminado por dar forma a una exasperación recíproca. «Aquél... no para de llorar», habría dicho la madre y el bebé habría aprendido rápidamente a esperar las mímicas exasperadas y los gestos brutales que habrían agravado su desorganización emocional.

Estos contrasentidos afectivos se manifiestan a veces con uno solo de los padres. El niño, desorganizado con la madre, puede estructurar un lazo calmo con el abuelo o con el padre. Habiendo tendido un vínculo de apego seguro, lejos de los brazos de la madre, termina entretejiendo más tarde un lazo sosegado con ella, con la condición de que la madre haya sido contenida y que haya tenido quien la ayude a atravesar ese cabo de tormentas sin adquirir hábitos demasiado nocivos.

Actualmente se admite que entre un 5 y un 30 por ciento de los niños maltratados terminan siendo a su vez padres que maltratan a sus hijos.[56] La variabilidad de las cifras obte-

---

56. Rutter, M., «Psychosocial resilience and protective mechanisms», en J. Rolf, A. S. Masten, D. Cicchetti, K. H. Nuech Terlen y S. Weintraub (comps.), *Risk and Protective Factors in the Development of Psychopathology*, Cambridge University Press, Nueva York, 1990, pág. 181.

nidas por las encuestas prueba que no hay una causa única. Cuando los dos padres maltratan al niño en un hogar cerrado, sin familia ampliada, sin amigos, sin actividades exteriores, las perturbaciones serán importantes y la repetición de la historia superará el 30 por ciento. Pero cuando un solo padre maltrata al niño mientras que el otro le ofrece un apego seguro, la probabilidad de repetir la propia historia cae al 10 por ciento. Y cuando, alrededor de ese hogar en dificultades, la cultura propone sustitutos afectivos y otros vínculos educativos, el riesgo de repetición se debilita aún más (3 por ciento).

Bill Clinton,[57] cuyo padre murió ahogado cuando su esposa estaba embarazada de Bill, fue criado por un padrastro extremadamente violento que maltrataba a todo el mundo y disparaba su pistola delante de la esposa y los niños. La evolución resiliente del pequeño Bill fue posible gracias a la valentía de la madre y la cordialidad de los abuelos, que con frecuencia llevaban al niño a pasar temporadas en su casa. La cultura norteamericana facilitaba los encuentros extrafamiliares y las numerosas asociaciones deportivas, musicales y culturales le permitieron al futuro presidente desarrollar una excelente sociabilidad a pesar de esas agresiones. Una cultura que propone lugares de acción de encuentro y de creatividad limita enormemente la repetición del maltrato. Pero si el pequeño Clinton hubiese tenido que desarrollarse en un hogar aislado o en un barrio residencial donde nadie habla con su vecino, seguramente su evolución habría sido más difícil.

Cuando una persona ha sido maltratada y permanece prisionera de ese medio, aprende cognitivamente la violencia física y emocional. Ésta es una tendencia, pero ciertamente no es una fatalidad pues uno puede desbaratarla organizando alrededor del pequeño desdichado lugares de desarrollo

---

57. Clinton, B., *Ma vie*, Odile Jacob, París, 2004.

que lo orienten en otras direcciones y le enseñen a obtener momentos de felicidad, a pesar de todo.

En general, el agresor es intrafamiliar, el padre o la madre, en una proporción casi idéntica. Cuando el ofensor no pertenece a la familia, la resiliencia es más fácil porque el niño puede refugiarse en la protección de su hogar. Pero éste no siempre es el caso, pues puede ocurrir que el niño se sienta traicionado por los suyos, como si dijera: «Si mis padres son todopoderosos y yo fui agredido, esto prueba que no hicieron todo lo posible para protegerme. Tal vez hasta sean cómplices». Los adultos suelen tener esta reacción paradójica cuando se producen situaciones de catástrofes naturales o humanas: «Puesto que Dios ha permitido tales horrores, está claro que no es bueno ni todopoderoso. Después de Auschwitz, ¿cómo se puede creer todavía en Él?». Quienes en esas situaciones de pesadilla consiguen fiarse todavía de Él se sienten protegidos pues hacen de Dios su base de seguridad íntima. Quienes, por el contrario, se sienten traicionados por Él, de quien esperaban protección, se privan de ese sentimiento de seguridad. Muchos niños maltratados le reprochan al padre amable no haber evitado que el otro lo agrediera. Muchos pueblos masacrados durante una guerra o un genocidio reprochan a sus aliados no haber detenido la masacre.

Curiosamente, quienes culpan al padre cariñoso, al pueblo aliado o a Dios son quienes, antes del descalabro, esperaban la protección más fuerte. Demasiado apegados, experimentaban un exceso de afectividad que testimoniaba su angustiosa vulnerabilidad. Cuando llegó el golpe, sólo pudieron sentirse traicionados o abandonados.[58] El odio que

---

58. Trickett, P. L., Reiffman, A., Horowitz, L. A. y Putnam, F. W., «Characteristics of sexual abuse trauma and the prediction of developmental outcomes», en D. Cicchetti y S. L. Toth (comps.), *The Rochester Symposium of Developmental Psychopathology*, vol. VIII, University of Rochester Press, Rochester, Nueva York, 1997.

sienten por quienes antes amaron les permite conservar un poco la autoestima, pero impide la resiliencia porque ese aborrecimiento disminuye la autonomía al atribuirles a otros la causa del propio desamparo.

Los que en la desgracia habían aprendido a pedirle ayuda a un adulto, un grupo o un dios tuvieron una mayor probabilidad de resiliencia. En el momento de la calamidad, ya habían adquirido una personalidad afirmada, un apego seguro y una empatía que les permitía representarse el mundo mental del agresor y diferenciarlo del de los no agresores. Quienes generalizaron la agresión e incluyeron a quienes amaban y por quienes se sentían traicionados se privaron de su base de seguridad. Heridos por el agresor, se hicieron hostiles también en su relación con quienes deseaban ayudarlos.

Resonar no es razonar

Acabamos de desarrollar un razonamiento en resonancia y no ya de causalidad. En lugar de pensar: «Si mi padre me maltrata, iré a refugiarme en brazos de mi madre», el niño se dice: «Si mi padre me maltrata, quiere decir que mi madre es cómplice porque, a pesar de su omnipotencia, no se lo impide». Esta reacción emocional tiene su explicación en un apego excesivo y ansioso que existía antes del maltrato y había impregnado en la memoria implícita, en el inconsciente cognitivo del niño, un sentimiento de soledad afectiva, el miedo a amar por temor a ser traicionado nuevamente. Antes del acto de maltrato, el niño inquieto había hipercatectizado a su madre, quien sólo le transmitía seguridad cuando estaba presente. No había impregnado en su inconsciente cognitivo la confianza primitiva que le habría permitido sentirse seguro también cuando la madre estaba ausente. Más tarde, el acto de maltrato lo hizo vacilar en un mundo constituido por una figura aterradora y otra que lo abandonaba. Semejante envoltorio sensorial componía una biología periférica que estimulaba poco la secreción de serotonina, cuya caída se pudo medir en el líquido encefaloraquídeo.[59] Este marcador biológico no es pues la causa de la desesperación del sujeto maltratado, sino que constituye la referencia metabólica de una alteración afectiva de su medio.[60]

En cambio, desde el momento en que un ser vivo es capaz de hacer narraciones, apela a su memoria explícita, se representa a sí mismo con imágenes y palabras y construye así una película que articula su identidad narrativa. Desde el instante en que edifica un mundo de palabras, le da una coherencia, lo siente, lo experimenta, lo ve y, por lo tanto, puede responder a él.

Sólo entonces puede «dejar de lado» ciertos recuerdos que amenazan con darle una mala imagen de sí mismo o provocarle algunas dificultades en sus relaciones. Los recuerdos están allí, pero la persona evita evocarlos a fin de mantener la paz con la idea que se ha hecho de sí misma. ¿Es esto lo que podría llamarse «represión»? Ese trastorno de la memoria íntima depende de las condiciones históricas en las que cada persona debe fabricar su realidad interna.[61]

No hay dudas, «para la psique, lo biológico hace las veces de la piedra de sustentación».[62] Sólo partiendo de lo biológico se puede fundamentar la condición humana y afirmar que esos dos inconscientes de naturaleza diferente tiran juntos

---

59. Nordström, P., Samuelsson, M., Asberg, M., Traskman-Bendz, L., Aberg-Wistedt, A., Nordin, A. y Bertisson, N. L., «CSF-5HIAA predicts suicide risk after attempted suicide. Suicide and life», *Threatening Behavior*, 24, 1994, págs. 1-9.

60. Goldney, R. D., «Ethology and the suicidal process», en K. Van Heeringen (comp.), John Wiley and Sons, Sidney, 2001.

61. Ansermet, F., Magistretti, P., *À chacun son cerveau. Plasticité neuronale et inconscient*, Odile Jacob, París, 2004, págs. 201-202.

62. Freud, S., «Analyse terminée et analyse interminable», *Revue française de psychanalyse*, n.º 1, 1937, págs. 3-38.

del mismo carruaje: «[...]Llegará el día en que la psicología de las funciones cognitivas y el psicoanálisis se vean obligados a fusionarse en una teoría general que los mejorará a ambos»,[63] predecía el gran Piaget.

---

63. Piaget, J., «Inconscient affectif et inconscient cognitif», *Raison présente*, n.º 19, agosto-septiembre de 1971, pág. 12.

IV

LA PREOCUPACIÓN POR EL OTRO

Uno está mal cuando el otro sufre

No es la primera vez que la neurología apuntala un concepto filosófico. Al principio la conciencia fue una idea abstracta hasta que luego se convirtió en algo cuyos niveles pueden medirse mediante un registro bioeléctrico. El *Mitsein* de la fenomenología hoy puede precisarse en virtud de estudios biológicos que demuestran que un individuo sólo puede sobrevivir intercambiando informaciones con el medio que lo rodea, un *Umwelt*.[1]

Al principio, la empatía designó un proceso de proyección de los sentimientos humanos al mundo material hasta que un filósofo extendió su significación al conocimiento del prójimo.[2] En un niño, el sencillo acto de imitar a los demás le provoca un sentimiento. Luego, al madurar, diferencia su propia experiencia de la del otro y comprende que hay dos subjetividades diferentes y asociadas. Esta evolución le permitió a Freud utilizar la empatía como una condición de base de la cura analítica, un trabajo puramente intelectual del conocimiento del prójimo. Hoy, para la mayoría de psicoanalistas, la empatía es un proceso afectivo que permite compartir

---

1. Thinès, G., *Phénoménologie et science du comportement*, Mardaga, Bruselas, 1980.
Traducciones del alemán:
Mitsein: estar con
Umwelt: mundo circundante, ambiente
2. Lipps, Th., 1898, citado en D. Houzel, *Psychopathologie de l'enfant et de l'adolescent*, PUF, París, 2000, pág. 226.

una experiencia psíquica íntima, mientras las dos subjetividades permanecen separadas.

En la década de 1970, John Bowlby, entonces presidente de la Sociedad Británica de Psicoanálisis, trabajando con los métodos de la etología animal, sugirió que «la empatía constituye el contrapunto de la agresión». Así como dos notas musicales se acompañan y permanecen separadas, «la agresión revela una alteración de la empatía [...] que, por su parte, amplifica la coordinación afectiva, la identificación emocional con los demás».[3] De modo que no es el lenguaje lo que funda la empatía interpretando el altruismo como un cálculo racional de costes y beneficios;[4] es una aptitud emocional para dejarse modificar por el mundo de otro, a quien el sujeto se siente apegado. «Los delfines, los elefantes, los cánidos y la mayor parte de los primates responden al sufrimiento y la desdicha ajenos».[5] En estas especies, los individuos que no tienen razones corporales para sufrir manifiestan sin embargo comportamientos alterados, con lo cual atestiguan que se sienten trastornados por la infelicidad de un prójimo.

El apego es un vínculo biológico establecido en la memoria de un individuo que transforma al ser catectizado en figura sobresaliente. A partir de entonces, el sufrimiento de la figura de apego provoca en el primero un sufrimiento de otra índole. El malestar del animal observador es consecuencia de la visión del sufrimiento del otro. Se trata de una empatía cognitiva, un contrapunto emocional por el cual, por ejemplo, la madre primate expresa una mímica ansiosa al ver que su hijo tiene un pata aprisionada. Cuando el pequeño

---

3. Weinfield, N. S., Sroufe, L. A., Egeland, B. y Carlson, E. A., «The nature of individual differences in infant-caregiver attachment», en J. Cassidy y P. R. Shaver, *op. cit.*, pág. 78.

4. Wilson, E. O., *Sociobiologie*, Le Rocher, París, 1987.

5. Waal, F. B. M. de, *Le Bon Singe. Les bases naturelles de la morale*, Bayard, París, 1996, pág. 102.

sufre por tener una pata atascada, la madre se siente alterada por la imagen del sufrimiento de su hijo. Aquí podemos hablar de representación puesto que en la madre se da «una actividad mental que hace presente (re-presenta) [...] la imagen de un objeto».[6] Lo que emociona a la madre es una construcción sensorial de imágenes visuales y sonoras del pequeño agitado y gritando y no el dolor de la pata atrapada.

Esta aptitud para desorganizar el propio mundo íntimo cuando el de un prójimo está desorganizado constituye el punto de partida, la base cognitiva de la moral. Si bien consideramos que la moral es un conjunto de conductas organizadas por el propósito de hacer el bien y evitar el mal, no es difícil observar este fenómeno en otras especies. También entre los animales, ayudar a los que están en desventaja, respetar los ritos de interacción, ofrecer alimentos a otro, amenazar al intruso para proteger al débil y manifestar conductas pacificadoras son también una manera de estar juntos organizados por la búsqueda de un bienestar común. Este comportamiento protomoral no se funda en representaciones verbales, en relatos de persecución o injusticia, como sucede entre los seres humanos, sino que se construye teniendo en cuenta lo que experimenta el otro. Es por ello que, en ciertas especies, los individuos manifiestan síntomas de angustia o de embotamiento cuando perciben en un ser cercano ese no comportamiento que los seres humanos llamamos «muerte».

Nos resulta fácil comprender las reacciones de los chimpancés ante la pérdida de uno de los suyos. Los investigadores describen, al igual que entre los seres humanos, una fase de protesta, un intento de estimulación del cadáver y luego una etapa de desesperación en la que el comportamiento se hace más lento y se pierde el apetito y el placer de jugar. Ya

---

6. Lebovici, S., «Représentation», en D. Houzel, M. Emmanuelli y F. Moggio, *Dictionnaire de psychopathologie de l'enfant et de l'adolescent*, PUF, París, 2000, pág. 634.

antes de la muerte, los adultos que rodean al enfermo o al herido no se comportan normalmente. Miran fijamente al agonizante y dejan de jugar. En los zoológicos, los cuidadores dan testimonio del asombroso silencio y el recibimiento sin alegría que observan al llevarles los alimentos el día después de un deceso.[7]

Por supuesto, hay que desconfiar del antropomorfismo y no debemos pensar que el duelo de una ballena es análogo al duelo de un ser humano. Pero podemos decir que esos seres vivos se sienten emocionalmente perturbados al percibir en el cuerpo del otro una señal extraña que los lleva a elaborar una representación inquietante.

Este sufrimiento virtuoso no se registra en todas las especies. Y cuando una especie tiene aptitud para la empatía, no siempre ésta se observa en todos los individuos ni en todos los casos. Hay muchos animales para los cuales la herida de uno de sus congéneres no significa nada. El canibalismo no es raro: el «papá» pez traga a miles de alevines o la madre gata puede devorar a su cría si la considera una presa. Para comerse al propio hijo, es necesario percibir su cuerpo de una manera que le atribuya una significación únicamente biológica y, nunca, un estado mental.

La empatía animal

La etología animal aporta su grano de arena a la construcción de la idea de que es posible atribuir un estado mental al otro. Hasta los cuatro meses de edad, un bebé chimpancé se coloca en la postura de aseo, sin tener en cuenta la disposición del cuerpo de su madre. Le basta con sentirse motivado por un estimulante interno para orientarse hacia el cuerpo de ésta, aun cuando ella le dé la espalda o esté mirando hacia otra

---

7. Waal, F. B. M. de, *op. cit.*, págs. 70-74.

parte. Pero alrededor del duodécimo mes, la estrategia de interacción del pequeño cambia por completo. Cuando una estimulación íntima lo impulsa a la sesión de aseo, mira a la madre y espera la postura que le comunique que ella puede verlo. Sólo entonces, adoptará la posición correspondiente para hacerse espulgar.[8] En este nivel de la psique, atribuir al otro una motivación no es un acto verbal sino de postura. La interacción del aseo necesita que el pequeño haya adquirido la capacidad de esperar, es decir, de no responder ya de inmediato a un estímulo y de comprender que la postura de su madre indica, en el mundo de esa hembra, un estado mental que le permitirá responder al suyo.

La aptitud empática necesita de un cerebro capaz de descontextualizar una información, de percibir un indicador que oriente hacia alguna cosa que uno no percibe. No es extraño ver a un gato situado delante del refrigerador observando atentamente la manilla de la puerta. Una cámara automática nos enseña que el gato sólo adopta esta postura si hay algún ser humano en la cocina. Cuando esa persona se acerca al refrigerador, el gato maúlla y «apunta con el hocico» mirando alternativamente la manilla y el rostro de la persona. Podemos interpretar esa conducta diciendo que el gato ha adquirido el conocimiento de que, detrás de la puerta, hay cosas interesantes a las que los humanos tienen acceso. Lo que percibe en el presente lo extrae de su pasado para representar el futuro. Cuando el ser humano parpadea, el gato responde parpadeando a su vez. Pero cuando se le vendan los ojos a la persona, el comportamiento del gato no se modifica en nada.[9] No sucede lo mismo con los chimpancés obser-

---

8. Plooij, F. X., «Some basic traits of language in wild chimpanzees?», en A. Lolk (comp.), *Action, Gesture and Symbol,* Academic Press, Nueva York, 1978.

9. Dehasse, J., *Tout sur la psychologie du chat,* Odile Jacob, París, 2005, pág. 504.

vados en situaciones análogas. Cuando el ser humano tiene los ojos vendados, muchos se ponen a gemir y algunos lo empujan hacia el tesoro alimenticio o le tiran de una mano. ¡Y algunos tratan de quitarle la venda! El gato empatiza con la postura del ser humano, mientras que el mono, al percibir la venda, se pone en el lugar de la persona y comprende que no puede ver a causa de aquélla.

Estas observaciones nos dejan suponer que hay diferentes grados de empatía.[10] Cada especie percibe ciertos índices seleccionados por su sistema nervioso y se sirve de ellos para componer representaciones de diversos niveles. Cuando un arquitecto se representa las masas de cemento correspondientes al diseño de un puente, realiza una «empatía del puente».[11] Esta empatía de objeto desempeñó sin duda un importante papel en la fabricación de los primeros instrumentos que nos permitieron soslayar ciertas imposiciones de la naturaleza utilizando algunos de sus fenómenos con los cuales empatizamos. El depredador animal efectúa una empatía de cuerpo cuando percibe y prevé un movimiento de su presa. El torturador experimenta el mismo proceso mental cuando imagina lo que siente el hombre al que quiere quebrar.

Afecto y empatía humanos

Nuestros propios hijos manifiestan muy tempranamente una empatía de emoción cuando, al percibir en el cuerpo del otro un gesto o una mímica minúscula, los utilizan para re-

10. Pacherie, E., «L'empathie et ses degrés», en A. Berthoz y G. Jorland, *L'empathie*, Odile Jacob, París, 2004, págs. 149-180.
11. Dennett, D. C., *Kinds of Minds: Toward an Understanding of Consciousness*, Basic Books, Nueva York, 1996, citado en A. Berthoz y G. Jorland, *op. cit.*, pág. 90; y G. Jorland, Seminario Jansen, «L'empathie», Lourmarin, febrero de 2005.

presentarse el estado mental de esa persona. La empatía más alejada del cuerpo, la más abstracta, es aquella que, partiendo de una pizca de lo real, consigue representarse las representaciones de otro. Un relámpago de imagen percibido en otro cuerpo basta para elaborar su psiquismo: «Sus pensamientos, sus creencias, sus intenciones o sus deseos».[12] El hecho de que el otro quede pues separado de uno mismo permite que la empatía establezca una pasarela intersubjetiva sin la cual estaríamos escindidos de los demás.

Alrededor de los cuatro años de edad, la mayor parte de los niños adquieren una nueva manera de manejar lo que perciben a fin de hacerse una idea del mundo. Él comprende que cada uno de los otros responde a un mundo de creencias, de intenciones y de deseos que le es propio. Para entender el mundo, ya no basta con percibir lo que es, también hay que adivinar lo que pasa en el invisible mundo mental de los demás.

Esta «teoría del espíritu» no surge de una vez a los cuatro años, sino que se desarrolla progresivamente en virtud de transacciones incesantes entre el niño y su medio.[13] Desde el comienzo, un poco antes del nacimiento, su cuerpo sabía percibir ciertas informaciones, tratarlas y resolver los problemas planteados por su medio. Sabía mamar, disponerse a dormir, luchar contra la atracción terrestre cuando se sentaba y jugar con las estimulaciones coloridas, dulces o sonoras que le proponía su ambiente. Alrededor de los cuatro años, el pequeño descubre que los otros responden, a su vez, a la idea que se hacen de una situación. Luego, entre los cinco y los siete años, el niño comprende la reciprocidad del pensamiento: «Sé que sabes y sé que tú sabes que yo sé». Cuando un niño de cinco años le habla a su hermanito «haciéndose el

---

12. Premack, D., Woodruff, G., «Does the chimpanzee have a theory of mind?», *Behaviour and Brain Sciences*, 4, 1978, págs. 515-525.
13. Bee, H. y Boyd, D., *op. cit.*, pág. 167.

bebé» manifiesta mediante esa conducta que ha entendido que el menor comprende pero no de la misma manera.

Esta proeza intelectual depende tanto de su desarrollo neurológico como de las presiones del medio que lo rodea. Basta que una sola articulación del sistema falle para que todo el resultado se altere. Los niños traumatizados por un accidente o por un maltrato, por un abandono que empobrece su medio o por una catexia excesiva que los aísla, se encierran en sí mismos a veces hasta el punto de entumecer el pensamiento. Difícilmente podrán tener acceso a la «teoría del espíritu», a entender que el mundo íntimo de los otros puede ser diferente, porque una desgracia de la existencia ha alterado su entorno o porque una anomalía neurológica impide que sus organismos salgan a buscar en el medio las informaciones necesarias para su desarrollo.

Mediante pequeños test cotidianos es posible saber si un niño tiene acceso a la teoría del espíritu. Uno de ellos consiste en poner sobre una mesa una esponja con la misma apariencia de una piedra.[14] Al ver el objeto, todos los niños de cuatro años dicen que se trata de un guijarro. Cuando se les pide que lo toquen, los niños se sorprenden y uno debe explicarles la diferencia entre un mineral y un producto marino casi animal. Luego se invita a otro niño a ver el objeto y se le pregunta al ya iniciado: «¿Dirá que es una piedra o una esponja?». Todos los que ya han tenido acceso a la teoría del espíritu responden: «Dirá que es una piedra». Estos niños piensan: «El otro piensa que es una piedra y yo sé que es una esponja». Los niños que aún no comprenden que el mundo del otro es diferente del propio responden: «Dirá que es una esponja porque yo sé que es una esponja». Estos niños, todavía incapaces de salirse de sí mismos, atribuyen a los otros su misma creencia.

14. Astington, J. y Jenkins, J., «A longitudinal study of the relation between language and theory of mind development», *Developmental Psychology*, 35, 1999, págs. 1.311-1.320.

Con frecuencia, esta inmadurez responde a una carencia en las relaciones: cuando un padre o una madre están angustiados, el niño tiene miedo de toda forma de exploración. A veces, se debe a una alteración del lóbulo prefrontal que, al impedir todo trabajo de anticipación, no deja que la persona cese de centrarse en sí misma. Los niños cuyos padres temerosos son atemorizantes –pues ellos mismos están alterados por su propio trauma– viven en ambientes sensorialmente empobrecidos o en estado de alerta. Si se los deja solos, probablemente nunca podrán tener acceso a la teoría del espíritu. Quizás puedan tenerlo más tarde si se disponen a su alrededor algunos tutores de resiliencia que los ayuden a retomar su desarrollo.

La empatía no es sólo una operación intelectual. La capacidad adquirida de atribuir una creencia, un pensamiento o una intención a los demás organiza también el estilo de relacionarse del niño. En la vida cotidiana, a veces sucede que, como una broma, los padres simulan llorar, lo cual emociona al pequeño y despierta en él un amable gesto de consuelo. Pero no siempre. A veces el niño agrede a quien está fingiendo el llanto.

Una experimentación etológica inspirada en la teoría del apego pone en práctica el siguiente dispositivo.[15] Un adulto levanta un muñeco mecánico ante un bebé de doce meses que está acompañado por su madre. El experimentador ha dispuesto las cosas para que el juguete no funcione y entonces finge llorar. Esta situación se repite una serie de veces. Luego la madre responde a un cuestionario que evalúa su humor y su estilo de apego.

Ante el llanto simulado del adulto, la mayor parte de los niños reaccionaron mimándolo o llevándole el muñeco a la

---

15. Inspirado en Bischof-Kohler, D., «The development of empathy in infants» en M. E. Lamb, H. Keller, comp., *Infant Development*, Erlbaum, Hillsdale, Nueva Jersey, 1991, págs. 245-273.

madre para que lo reparara. Algunos niños parecían indiferentes y no se acercaron a consolar al adulto. ¡Y algunos incluso le pegaron! En este último grupo de reacciones perturbadas, todos los niños se habían desarrollado en medios sensorialmente empobrecidos. La ausencia de adultos, la muerte de un familiar cercano, la enfermedad, la depresión o una personalidad distante, al empobrecer el medio sensorial, habían retrasado en esos niños el desarrollo de la empatía.

Llegar a ser empático

Mejor que decir: «Este trastorno psíquico tiene un origen genético» –lo cual rara vez resulta verdadero–, es tratar de comprender cómo se desarrolla una ontogénesis, el desarrollo de un individuo desde el embrión hasta su muerte. Esta actitud nos permite entender que el potencial genético se va modificando constantemente, modelado por las presiones del medio sensorial, afectivo y hasta cultural.

Podemos considerar que el punto de partida del proceso empático se desencadena en virtud del fenómeno de las neuronas espejo. Un dato trivial de la neurología nos enseña que, en la base de la zona frontal ascendente de la corteza de los monos (zona F5),* se activa un grupo de neuronas motoras cuando el mono realiza una acción con su brazo opuesto o con la boca. La sorpresa sobrevino cuando se descubrió que el mono –que, sencillamente, mira a otro mono que está realizando una de esas acciones– activa exactamente la misma zona de neuronas.[16] La resonancia comienza desde la primera interacción

---

16. Rizzolatti, G. y Fadiga, L., «Grasping objects and grasping action meanings. The dual role of monkey rostroventral premotor cortex (area F5)», en G. R. Bock y J. A., Goodel (comps.), *Sensory Guidance of Movement*, Novartis Foundation Symposium 218, John Wiley and Sons, Chichester, 1998, págs. 81-103.

biológica, como si el mono dijera: «Cuando veo a un congénere coger una banana, lo que él hace me interesa tanto que mi cerebro se prepara para realizar la misma acción». Antes de manifestarse en un gesto o un comportamiento, la imitación es neurobiológica. Más tarde, en el ser humano, la resonancia será histórica, como si la madre dijera: «Cuando veo a mi hijo comportarse así, me acuerdo de cómo era yo a su edad; cuando hacía ese mismo gesto, mi mamá se irritaba…». El comportamiento con que la madre responde al hijo y lo envuelve sensorialmente tiene su origen en su propia historia con su madre. En realidad, se trata más de relatos espejo que de neuronas espejo. Cuando Aimé Césaire habla de «negritud»,[17] evoca ciertamente un fenómeno de resonancia, como si dijera: «Hablo con este hombre, trabajo con él y de pronto percibo en su cara una minúscula expresión que, en un relámpago, me hace comprender que, a sus ojos, ¡soy un negro!». La fulgurante pero inusual expresión facial le permite al poeta atribuirle al otro pensamientos y creencias. No se ha pronunciado una sola palabra y, sin embargo, algo ha sido claramente transmitido entre los dos mundos íntimos.

Habría pues una filogénesis de la empatía identificable desde los niveles elementales de la resonancia, cuando el mero hecho de ver la acción de otro prepara al individuo que mira a efectuar la misma acción. Esta sugestión de comportamiento que producen las neuronas espejo da la posibilidad de que los monos compartan un mundo de monos. Las palomas probablemente experimenten el mismo fenómeno de resonancia neurológica. Cuando una paloma se agacha antes de levantar vuelo, su «postura de intención» provoca un encogimiento análogo en sus congéneres. Esta imitación de comportamientos por contagio permite que el grupo funcione conjuntamente, que levante vuelo cuando uno de ellos

---

17. Césaire, A., *Une saison au Congo* (teatro), «Points», Seuil, París, 2001; y Senghor, L. S., *Hosties noires*, Seuil, París, 1948.

percibe una señal de peligro que los demás no percibieron y a la que, igualmente, responden.[18] Así es como los animales gregarios se desplazan limitando los peligros, sincronizan las actividades de comer y dormir del grupo, adaptan sus comportamientos sexuales a la ecología, se aparean cuando los días se alargan y crían a sus pichones antes de la migración.

Habría también una ontogénesis de la empatía que comienza desde los niveles elementales de la resonancia biológica de las neuronas espejo. Los recién nacidos sincronizan inmediatamente sus mímicas faciales con las del adulto. Cuando una persona adulta hace con los labios el gesto de dar un beso, el bebé hace lo mismo casi instantáneamente.[19] Probablemente esta habilidad explique su perfecta adaptación al pezón, que, al apuntar hacia adelante, provoca el avance de los labios del bebé. El hecho de estar juntos es indispensable para la supervivencia, pero muy temprano el mundo de las emociones se vuelve contagioso gracias a las neuronas espejo. Si uno se sitúa ante un bebé de dos meses y se pasa la mano delante de la cara, lentamente de arriba hacia abajo, de modo tal que, al llegar al mentón, se revele una expresión de llanto y luego vuelve a subirla hacia la frente de modo que, al dejar la boca al descubierto, muestre una expresión sonriente, advertirá que el bebé reproduce a la perfección las mímicas de tristeza y de alegría sincronizándolas con las del adulto. El *Mitsein* de los fenomenólogos, el «estar con» que nos permite funcionar juntos y compartir un mismo mundo, persiste en el adulto cuando, al ofrecerle una cucharada de un alimento a su bebé, abre la boca antes de que el niño lo haga.

18. Timbergen, N., *Social Behaviour in Animals*, Methuen and Co., Londres, 1953.
19. Meltzoff, A. N. y Moore, M. K., «Imitation of facial and manual gestures by human neonates», *Science*, 198, 1977, págs. 75-78.

El punto de partida del proceso empático se sitúa en la resonancia neurológica que hoy, gracias a los progresos de las neuroimágenes, puede hacerse visible. Nuestras neuronas espejo entran en resonancia con el gesto del otro que nos toca. Si su acción nos concierne, la resonancia magnética muestra la activación de circuitos neuronales específicos: la zona occipital del observador, la que trata la imagen, envía instantáneamente la información a la corteza frontotemporal,* que prepara la misma acción. La sencilla acción observada desencadena la alerta de las neuronas espejo como una especie de reflejo interindividual. Cuando uno le pega un golpecito en el tendón de la rótula a una persona, le provoca la extensión refleja de la pierna; en el caso de la empatía neuronal, la vista del movimiento de alguien estimula en espejo las neuronas motoras de otro. Pero ese otro debe ser significativo. Cuando se toman registros de las activaciones temporales en personas que están mirando películas de hombres o de animales en un televisor, se comprueba que la visión de seres humanos produce una alerta más intensa en las neuronas espejo del observador.[20]

Desear sin actuar prepara para el lenguaje

La convergencia de estos datos plantea un problema estimulante. Cuando un hombre observa a un ser significativo que está efectuando una acción interesante, sus zonas frontales inferiores se ponen en alerta como si él mismo se aprestara a hacer idéntica acción, pero la inhibición prefrontal impide el paso al acto.* Ahora bien, cuando esta zona recibe la señal de

20. Cochin, S., Barthélemy, C., Lejeune, C., Roux S., Martineau, M. E., «Perception of motion and qEEG activity in human adults», *Electroencephalography and Clinical Neurophysiology*, 107, 1998. págs. 287-295.

alerta y al mismo tiempo la de contención –como cuando aceleramos un automóvil que tiene activado el freno de mano–, lo que se pone en juego en la corteza se marca principalmente en la base de la frontal ascendente izquierda que, en el ser humano, corresponde al lenguaje.[21] Disponerse a la acción e impedirlo simultáneamente facilitaría una preparación neuronal para la palabra. Las neuroimágenes coinciden por completo con el psicoanálisis: el estadio neuronal de la empatía hace que la persona que observa el comportamiento significativo del otro y al mismo tiempo se impide hacer esa acción sensibilice su propia zona del lenguaje. Si uno actúa, tiene menos necesidad de la palabra. El efecto intersubjetivo de la empatía da la posibilidad de salirse de uno mismo y de prepararse para la palabra: sólo hace falta pasar a la convención de los signos para aprender la lengua materna.[22]

Cuando la expresión del sufrimiento de uno provoca la reacción empática del otro, se teje un vínculo que puede tomar direcciones variadas. Para ilustrar esta idea, podemos preguntarnos por qué tantos seres vivos reaccionan mediante vocalizaciones a un sufrimiento. Ya se trate de gritos de dolor, ya de gemidos o sollozos provocados por la pena, siempre es la zona periacueductal, el núcleo mediodorsal del tálamo, el sector que envía mensajes a la zona cingular anterior.* Cuando un pequeño ánade está herido físicamente, lanza los mismos chillidos de angustia, la misma forma sonora, que cuando se lo separa de su madre. Cuando un gatito lanza un grito semejante, la madre responde con un ronroneo en virtud del cual el hijo la localiza en el espacio y se orienta hacia ella. Y, una vez que se restablece el contacto ol-

21. Grèzes J., Costes, N. y Decety, J., «Top-down effect of strategy of the perception of human biological motion: a PET investigation», *Cognitive Neuropsychology*, 15, 1998, págs. 553-582.
22. Corbalis, M. C., «La langue des signes dévoile l'essence innée du langage», *La Recherche*, noviembre de 2004, pág. 22.

fativo, visual o táctil, los dos miembros de la interacción dejan de vocalizar. Un bebé recién nacido también deja de vocalizar cuando vuelve a sentirse envuelto por el continente sensorial compuesto por los brazos maternos, su pecho, sus vestidos, su olor y su voz.

«La encefalización del dolor»[23] es lo que nos hace escapar de la inmediatez de los reflejos y lo que pone en relación el sufrimiento de uno con la empatía del otro. Cuando el recién nacido llora, provoca una emoción en el mundo del adulto, quien puede reaccionar o bien con un sentimiento de dulce placer ante la idea de socorrer al pequeño o bien con irritación, lo cual depende de su propia historia y de su estado de espíritu. La expresión vocal de uno impresiona al otro y teje un vínculo cuya forma está condicionada por la manera de gritar del pequeño y por el sentimiento que despierte en el adulto.

En todos los mamíferos, un electrodo colocado en la zona cingular anterior provoca una vocalización. En situaciones naturales, un dolor físico, una privación sensorial, una pérdida o una separación estimulan la misma zona y provocan la misma vocalización. El adulto que percibe esta sonoridad rica en frecuencias agudas desagradables pone también en alerta su zona cingular, que transmite el mensaje a la base frontal ascendente. Esta estimulación produce una respuesta de «ronroneo» si uno es un gato o de palabra si uno es un ser humano. En todos los casos, es previsible que, cada vez que se estimule esta zona motriz y lingüística del cerebro, se dé una respuesta activa de rescate.[24]

---

23. Tucker, D. M., Luu, P. y Derry-Berry, D., «Love hurts: the evolution of empathy concern though the encephalisation of nociceptive capacity», *Development Child Psychopathology*, 17, 2005, USA Cambridge University Press, pág. 704.

24. Ploog, D. W., «Neuroethological perspectives on the human brain: from the expression of emotions to intentioned signing and speech», en A. Harrington (comp.), *So Human a Brain: Knowledge and Values in the Neuro-Sciences*, Birk Hauser, Boston, 1992, págs. 3-13.

Para amar primero hay que ser salvado

Semejante observación plantea un problema psicoafectivo enorme: ya no podemos decir que, para aumentar el apego afectivo del pequeño, basta con satisfacer sus necesidades. Hasta podría decirse lo contrario: lo que aumenta el apego es el alivio de un sufrimiento y no la satisfacción de un placer. Lo cual equivale a decir que, para experimentar la felicidad de amar, ¡primero hay que haber sufrido una pérdida afectiva![25] La figura que aporta el consuelo adquiere un lugar sobresaliente en la psique del doliente. Un ser vivo que no sufriera ni dolor físico ni pena por la falta de algo no tendría ninguna razón para apegarse a otro.

Felizmente, un bebé humano sufre desde su nacimiento. Cuando deja las aguas del líquido amniótico que estaba a 37°C, tiene frío, está seco, y se siente maltratado por el nuevo medio sensorial que lo rodea. La luz lo encandila, los sonidos ya no le llegan filtrados, cuando lo alzan en brazos, siente topetazos por todas partes –puesto que ya no lo baña la suspensión hidrostática uterina– y dolor en el pecho mientras los pulmones se le despliegan para permitirle respirar. En ese instante surge un enorme envoltorio sensorial que llamamos «madre». Ella le vuelve a dar calor, lo rodea de olores, de caricias y de sonidos que el bebé reconoce puesto que ya los había percibido antes de nacer. ¡Salvado! Desde entonces, cada vez que deba soportar un pequeño contratiempo, el bebé sabe que el mismo objeto sensorial aparecerá en escena y esto le enseña a esperar. Al apegarse a ese objeto que le ha devuelto el bienestar, adquiere una aptitud para sentirse seguro, no sólo en contacto con un objeto sensorial real, sino también ante la representación preverbal de ese contacto del cual espera el alivio. ¿Podríamos

---

25. Panksepp, J., «Neuroscience. Feeling the pain of social loss», *op cit.*, págs. 237-239.

esperar momentos mejores si no los hubiésemos perdido antes?

Nuestra cultura lógica tiene tendencia a hacernos creer que basta con que los padres sean cariñosos y que el niño sea sano para que se extienda un lazo de apego de buena calidad. Este razonamiento lineal parece demasiado simple. Cuando no hay nadie que prodigue cuidados porque quien debía hacerlo ha muerto o padece una enfermedad grave o porque un mito cuenta que hay que aislar a los niños para que no se vuelvan caprichosos, el pequeño privado de alteridad sólo encuentra, como sustituto, su propio cuerpo. Se balancea, hace girar la cabeza, se chupa el pulgar o se golpea para sentirse un poco vivo. Sobreviviendo como puede, no encuentra la ocasión de salirse de sí mismo para descubrir el mundo de otra persona. Su capacidad para la empatía no puede desarrollarse pues, en semejante contexto, sólo se tiene a sí mismo.

De todas maneras, la empatía debe detenerse porque siempre hay un momento en el que uno ya no logra ponerse en el lugar de los otros. Esos aborígenes, están demasiado lejos; esos chinos, son tan numerosos; esos marcianos, son demasiado estrafalarios. Cuando las representaciones del otro son impensables y la empatía no puede ir más lejos, el sujeto se vuelve autocentrado pues el mundo del otro le resulta inaccesible.

A menudo es el sujeto mismo quien teme descentrarse y, en el vacío de la representación del otro, el hombre sin empatía pone sus propias representaciones. «La proyección es un proceso psíquico íntimo que se da entre dos organismos.»[26] Es «una operación por la cual un sujeto expulsa de sí mismo y localiza en el otro –persona o cosa– cualidades, sentimientos, deseos...».[27] Cuando ya no hay diferenciación entre uno

---

26. Chabert, C., «Projection», en D. Houzel, M. Emmanuelli y F. Moggio, *Psychopathologie de l'enfant et de l'adolescent, op cit.*, pág. 542.
27. Laplanche, J. y Pontalis, J. B., *op. cit.*, pág. 344.

mismo y el otro porque no hay un otro o porque el sujeto es fusional, tampoco hay lugar para la empatía. El proceso de proyección se hace pues inevitable y hasta puede ser adaptativo en un desierto afectivo. La proyección revela un trastorno del desarrollo cuando el sujeto, al no poder representarse el mundo del otro, le atribuye sus propios deseos de amor o de odio, de protección o de persecución.

Cuando se da el caso de que el otro no ofrece seguridad porque también él está en dificultades a causa de una depresión, de una personalidad inquieta o de un trauma que le atemoriza, el pequeño se apega a un objeto perturbado que se transforma así en una base de inseguridad: «A su lado me siento mal. Lejos de él me siento ansioso. Le temo y sin él tengo miedo», dicen con frecuencia los niños maltratados. Esta proximidad en el filo de la navaja de la felicidad y la infelicidad, de la seguridad y la inseguridad, explica por qué tantos niños maltratados se apegan a quienes los vapulean. La lógica indica que deberían huir de la infelicidad y precipitarse hacia la felicidad. Pero muy pocos lo hacen. Lo más frecuente es que no abandonen al padre golpeador y que terminen protegiéndolo cuando se vuelve viejo y frágil.[28] A veces se convencen de que han tenido padres comunes y corrientes y sostienen, aunque haya pruebas que indiquen lo contrario, que nunca sufrieron maltrato. Frecuentemente se preguntan por qué no pueden dejar de ser hijos devotos de una madre que los torturó: «Voy a visitarla todos los días. Está muy enferma y es algo que me angustia, me aplasta por completo».

---

28. Polan, H. J. y Hofer, M. A., «Psychological origins of infant attachment and separation responses», en J. Cassidy y P. R. Shaver, *op. cit.*, pág. 165.

Estar en paz con uno mismo para decodificar mejor al otro

La hipótesis lógica nos llevaría a suponer que todo niño privado de un apuntalamiento afectivo desarrolla deficientemente su empatía. En efecto, una población de niños aislados o maltratados se transforma en un grupo que corre mayor riesgo de caer en las drogas, la delincuencia, el abandono escolar y los mecanismos de proyección mediante los cuales atribuyen a los demás sus propias fantasías persecutorias.

Los factores determinantes de este trastorno son heterogéneos. Existen dos métodos para evaluar un posible retardo en la ontogénesis de la empatía: el estudio de la decodificación que hace el niño de las emociones de los demás y el análisis de las representaciones de un niño que trata de comprender lo que ve, lo que desea y lo que cree otro.[29] La respuesta es clara: los niños que se desarrollan en un medio empobrecido, tanto por la falta de amor como por exceso de atención, interpretan mal las mímicas faciales de las personas que los rodean. Frecuentemente les atribuyen pensamientos, creencias e intenciones que esas personas no tienen.[30]

Sybellius, un niño de siete años, fue descubierto en Ruanda en una habitación minúscula sin ventanas, donde se había escondido para protegerse de la masacre. Los vecinos, sin decir una palabra, le habían arrojado un poco de comida. Cuando llegaron al lugar, los agentes de rescate estaban tan

---

29. Pears, K. C. y Fischer, P. A., «Emotion understanding and theory of mind among maltreated children in foster care: evidence of deficits», *Development and Psychopathology*, Cambridge University Press, 17, 2005, págs. 47-65.

30. Lapage L. y Watson, A. C., «Individual differences in theory of mind, aggressive behaviour and social skills in young children», *Early Education in Development*, 12, 2001, págs. 614-628.

contentos de haberle encontrado que le tendieron los brazos y le sonrieron. Sybellius reaccionó mordiéndose y golpeándose violentamente contra el suelo. Su largo aislamiento sin palabras, sin radio, sin lectura y sin intercambio posible lo había retrogradado a un estadio en el que toda información se le había vuelto desconocida. Una sonrisa o un brazo tendido provocaban una alerta que él sólo podía apaciguar recurriendo a una actividad autocentrada. El mundo exterior lo aterrorizaba hasta tal punto que sólo el dolor le daba algo de seguridad al orientarlo forzosamente hacia lo que procedía de sí mismo. A menudo los psicóticos reaccionan de modo semejante; se tranquilizan gracias a un sufrimiento que los obliga a reconcentrarse en su propio cuerpo. Los niños maltratados, que se han hecho vigilantes ante la menor amenaza, ante la menor señal proveniente del agresor, se vuelven fríos para sufrir menos y se calman preocupándose únicamente por sus fascinaciones mentales. La empatía se detiene cuando el otro infunde temor y, en un mundo sin otro, el abismo es enloquecedor. Para un niño privado de su base de seguridad, el mundo exterior es aterrador. Para que podamos desarrollar la empatía, necesitamos que otro nos atraiga; de lo contrario, lo único que nos protege de una alteridad imposible de afrontar es el narcisismo.

Puede suceder que un niño maltratado perciba el mundo como una alerta. ¿Se trata de un transportador de escasa serotonina que, alarmado por todo encuentro, no puede aprender a decodificar las mímicas faciales de los demás?[31] ¿O se trata de un niño que, al vivir con un padre o una madre temerosos, aprende a percibir el mundo como algo amedrentador? Es lo que ocurre con la transmisión del miedo a las tormentas: el niño aúlla en brazos de su madre enloquecida,

---

31. Pollack, S., Cicchetti, D., Hornung, K. y Reed, A., «Recognising emotion in faces: developmental effects of child abuse and neglect», *Developmental Psychology*, 36, 2000, págs. 679-688.

mientras que en brazos del padre sonríe y continúa jugando. Puede tratarse también de un gran transportador de serotonina, criado por padres serenos que, sin embargo, heridos por un accidente de la vida, debieron aislarse y así adquirieron el temor a los demás. Hasta puede tratarse de una catexia exagerada cuando el padre o la madre, a causa de sus propias historias, desean con la mayor dulzura del mundo, convertirse en unos progenitores perfectos. Sin quererlo, establecen con su hijo adorado una relación de dominio tal que lo aíslan de los demás y lo someten a su amor exclusivo. En el momento en que el surgimiento del apetito sexual apela a toda la empatía del joven, quien trata de percibir en el cuerpo de la persona deseada la menor señal que le comunique su disposición de espíritu a la sexualidad, el adolescente demasiado contenido que nunca aprendió a desconcentrarse de sí mismo no sabe cómo armonizar sus deseos con los de la persona esperada.[32]

Mil maneras de preocuparse por el otro

Estas causas diferentes, y a veces opuestas, se conjugan para impulsar la aparición de un mismo síntoma. Toda dificultad para abrirse y desarrollarse, sea cual sea su origen, puede alterar el sentido del otro y orientar al sujeto a una socialización complicada. Es por ello que la empatía, que lleva a que uno se preocupe por el otro, puede adquirir diferentes formas. El desarrollo obstaculizado concentra al sujeto en sí mismo y lo convierte en un narciso hipertrofiado o, por el contrario, lo desconcentra hacia el otro y produce una hemorragia narcisista.

32. Fonagy, P., Redfern, S. y Charman, T., «The relation between belief desiere reasoning and a projective measure of attachment security (SAT)», *British Journal of Development Psychology*, 15, 1997, págs. 51-61.

Cuando un joven con una malformación de su empatía llega a ser padre, inevitablemente pondrá en contacto a su hijo con esta empatía alterada. Una madre concentrada en sí misma percibe a su hijo como una sombra inquietante. El pequeño se desarrolla mal en un ambiente de afectividad distante. También puede suceder que un padre con la psique vaciada por la melancolía sólo pueda llenar su mundo íntimo gracias a la existencia de ese niño por el que siente un amor excluyente: «Doy todo por él puesto que yo no soy nadie». Esta manera de amar y de desear la felicidad del pequeño hace infelices a todos, pues el padre o la madre, en su generosidad hemorrágica, no asumen su función de base de seguridad. Demasiado concentrado/a en el niño, lo privan del apuntalamiento exterior que debería reconfortarlo. El amor más auténtico, la intención más generosa, han despersonalizado a ese padre o esa madre que, al privar al niño de una base de seguridad, le frenaron también el impulso hacia los demás, la disposición a socializar.[33] Así vemos cómo se transmite de generación en generación una perturbación heredada que no es hereditaria.[34] El trastorno del adulto puede alterar al pequeño porque la empatía hace las veces de una pasarela intersubjetiva.

Cuando un melancólico se siente aislado, excluido del grupo porque sufre de una tristeza extrema mientras los otros están alegres, basta con que el grupo sufra alguna desgracia para que el deprimido se sienta en armonía. Desde su infancia, la señora L. se sentía constantemente al borde de las lágrimas. Sin comprender por qué, sin ninguna razón consciente, se sentía anormal porque siempre lloraba cuando los

---

33. Tucker, D. N., Luu, P. y Derry-Berry, D., «Love-hurts: the evolution of empathic concern through the encephalisation of nociceptive capacity», *Development and Psychopathology*, 17, 2005, págs. 699-713.

34. Decety, J. y Jackson, P. L., «The funtional architecture of human empathy», *Behavioral and Cognitive Neuroscience Review*, 3, págs. 71-100.

demás reían, salvo en los entierros, donde se sentía bien porque todos los demás también lloraban. El baño de tristeza le daba el placer de la comunión; el contagio emocional borraba la diferencia. En la compasión empática uno puede compadecer al prójimo y compartir sus males. En su calmante comunión, la señora L. habría podido decir: «Cuando los demás están tristes como yo, me siento mejor porque comparto la tristeza con otros». En cambio, si dijera: «Los débiles me atraen porque con ellos me siento superior», habría dado muestras de una empatía enferma.

Cuando el otro se halla demasiado lejos o pertenece a un grupo o a una especie que no nos toca de cerca, es más difícil establecer un lazo de compasión. En los zoológicos, los chimpancés atraen a los polluelos lanzándoles trozos de pan y luego, súbitamente, los matan golpeándolos con un palo.[35] Esta técnica de utilizar un cebo prueba la inteligencia del chimpancé y revela su acceso a la empatía de objeto. Puede, como todo cazador, prever y manipular los comportamientos del polluelo, pero no sufre el duelo que le inflige a la gallina madre. Su empatía se limita al cuerpo y al comportamiento de la presa. Ciertos seres humanos manifiestan una posición semejante cuando, en lugar de condolerse por los otros, de compartir su desdicha, la encuentran divertida, gozan de ella y desprecian al que está sufriendo. Cuando nuestros inocentes niños estallan en carcajadas mirando cómo el trapero grandote y malo persigue al endeble Charlot, no se compadecen de la angustia del pobre payaso. El miedo a ser atrapado los divierte como los hace reír a carcajadas que su propio padre juegue a atraparlos. Este lugar del otro no doloroso, a pesar de la apariencia de miedo y huida, se asemeja a la identificación, como si Charlot le recordara a cada niño el placer angustioso que le produce que el papá grande y fuerte lo atrape y lo alce por encima de su cabeza.

---

35. Waal, F. B. M. de, *op. cit.*, págs. 108-109.

Las empatías detenidas

El sistema rechina cuando surge una dificultad tanto en lo que uno es como en lo que existe alrededor. En los ejemplos precedentes, hemos reflexionado sobre las perturbaciones del ambiente, pero el sistema también funciona deficientemente cuando se altera el mundo íntimo. Puede tratarse de un historia lacerante, de una representación insoportable de uno mismo o de un cerebro alterado que ya no logra extraer del ámbito que lo rodea las percepciones necesarias para nutrir representaciones adecuadas.

La mujer tiene cincuenta años. Hace algunos meses que las personas que la rodean están desorientadas por la extrañeza de sus comportamientos. Se pasa sentada horas y horas. Precisamente ella que era tan puntual, se olvida de ir a trabajar. La despiden y no le dice nada a la familia. Tiene una manera rara de ordenar las cosas. Apila la ropa blanca hasta que la pila se desmorona. Frota interminablemente una mesa que ya está limpia. Clasifica cuidadosamente los papeles que acaba de garabatear. Ya no habla del mismo modo. Precisamente ella que era tan conversadora, responde brevemente a las preguntas que le hacen. Contesta con frases cortas, articuladas con una voz fuerte, sin prosodia, sin mímicas, mirando fijamente a su interlocutor. Comprende pero ya no consigue enlazar las ideas ni los gestos. Inicia una acción y en seguida se detiene. Comienza a relatar algo y se queda callada en medio de una frase, como si el otro ya no estuviera allí.

El escáner revela una atrofia importante de los dos lóbulos frontales.[36] No es el mal de Alzheimer, pues la enferma habla bien y tiene buena memoria cuando se la pone a prueba. Este cuadro clínico, que asocia la apatía por falta de iniciativa y la ausencia de empatía por incapacidad de tener en

---

36. Benisty S., «Anosodiaphorie ou anasognosie?», *Abstract Psychiatrie*, 14, febrero de 2006, págs. 12-13.

cuenta la presencia del otro, es característica de la demencia frontal.

En el mundo mental de esta paciente no hay ninguna planificación, ni siquiera un pequeño proyecto, ninguna presencia del otro. Percibe físicamente el cuerpo de otro pues lo esquiva si debe pasar junto a él y responde a sus preguntas, pero ya no tiene en cuenta su mundo mental. Ya no le molesta la molestia que provoca. Entonces, permanece inmóvil en su silla y de pronto, cuando llega una persona desconocida, le pregunta a su marido: «¿Quién es ésta?». Reconoce a su marido pero no tiene ningún pudor en preguntarle en voz alta, en presencia de la desconocida, «¿Quién es ésta?» y luego continúa allí sentada, inerte.

Su incapacidad neurológica para representarse el tiempo la inmoviliza. Sin anticipación ni búsqueda del pasado, está sometida al presente. Incapaz de salirse de sí misma, no puede tomar distancia para verse y escucharse preguntar: «¿Quién es ésta?». Para tener una representación de sí misma, tendría que haber podido reverse, reescucharse decir esa frase. Entonces se habría preguntado: «¿Qué efecto podría causar mi pregunta en el mundo de la desconocida? Probablemente se sentiría molesta por una actitud tan grosera». La incomodidad que hubiese sentido ante la idea de haber molestado a la otra persona habría sido un testimonio de su empatía. Estas frases cortas, minúsculas, sin comas ni concordancia, revelan su incapacidad de encadenar las representaciones. Las personas de mucha edad habitualmente tienen tendencia a asociar lo que perciben con acontecimientos del pasado, a conectar los hechos del presente con su memoria autobiográfica. Pero cuando uno ha perdido sus lóbulos frontales, no elabora más el relato de sí mismo, ya no hay sintaxis ni unión entre los propios actos y lo que éstos podrían provocar en el espíritu de los demás.

–¿Está usted enferma?
–No.

—Sin embargo, hace tres semanas que permanece sentada en esta silla.
—Descanso.
—¿Está usted cansada?
—No.

En el entierro de su mujer, un viudo que sufre de demencia frontal dice en voz alta: «¡Qué aburrimiento!». Si hubiese conservado sus lóbulos frontales, habría evocado su pasado con ella y habría sentido la angustia de la soledad que sobrevendrá. Si hubiese pensado «¡Qué aburrimiento!», nunca se habría atrevido a decirlo en voz alta porque habría anticipado el efecto que esa frase causaría en el mundo mental de los demás. Completamente desinhibido, el hombre respondía a las estimulaciones inmediatas. Cuando uno ya no tiene posibilidad neurológica de representarse el tiempo ni a sí mismo con los demás, las palabras pierden su connotación afectiva. Cuando uno ya no tiene la preocupación por el otro, puede dejarse llevar y decir lo que piensa, como un perverso que sólo se interesa en sus propias pulsiones y para quien sus semejantes no son más que títeres. Cuando una persona que ha perdido sus lóbulos frontales ya no tiene capacidad de representarse el tiempo, deja de responder a las representaciones que se hace de las representaciones de los otros: ¡ha perdido su vida interior! Cuando uno ya no se representa el tiempo, queda prisionero de las estimulaciones del presente.[37] Perder al otro dentro de uno es vaciar el propio mundo íntimo y someterse a lo inmediato. Las pulsiones ya no tienen tiempo para adquirir sentido. Cuando uno ya no tiene historia ni esperanza, las palabras pierden su gusto, son sólo objetos sonoros que han sido vaciados y desecados.

---

37. Laplane, D. y Dubois, B., «Auto activation deficit: a basal ganglia related syndrome», *Movement Disorders*, 5, 16 de septiembre de 2001, págs. 810-814.

Ponerse en el lugar del otro para acordar la palabra

Los lóbulos prefrontales no funcionan de entrada, el día de nuestro nacimiento. Deben pasar muchos años para que crezcan y se conecten al circuito. Progresivamente, por efecto de la genética y de las presiones del medio, habrán de conectarse a las neuronas de la zona límbica* a las que corresponden la memoria y las emociones. La sensación de duración –que necesita la existencia de una memoria biológica para poder percibir dos informaciones espaciadas– y la representación del tiempo que hace posible la empatía tienen como primer efecto benéfico permitir el aprendizaje de la lengua materna.

Primero, el niño que acaba de nacer responde a lo que percibe: de dónde vienen las informaciones, el calor que lo envuelve, el hambre que le causa un malestar, la palabra que lo toca como un objeto sensorial y que penetra en él sin que él pueda dominarla. Muy tempranamente, se siente mejor cuando logra dar forma al mundo que percibe y responder a él mediante gestos, mímicas y sonidos. Cuando alrededor de los diez o doce meses designa los objetos señalándolos con el índice, ofrece, mediante ese comportamiento nimio, la prueba de que es capaz de manejar la mirada del otro y de orientarla hacia lo que él indica.[38]

El bebé todavía no se forma una idea del mundo mental del otro, pero ya está atento a sus mímicas y consigue orientarlas. Desde los doce meses de edad, está menos sometido a la inmediatez de las percepciones y ya puede entrenarse a adoptar una postura mental que le permita tomar distancia. Mucho antes de poder interpretar las palabras, la lectura de los gestos le abre la posibilidad de elaborar un pensamiento en imágenes.[39]

---

38. Stern, D. N., *Le monde interpersonnel du nourrisson. Une perspective psychanalytique et développementale*, PUF, París, 1985 (1989).
39. Bergé, C. y Cosnier, J., «Empathie et autisme: de l'«analyseur corporel» à la clinique de l'empathie», *CALAP (Cahiers d'acquisition et*

Aprender a analizar el cuerpo del otro constituye ciertamente un punto de partida fundamental de la comprensión del prójimo. Si el bebé experimenta placer con este descubrimiento, se coloca en posición de empatía y puede progresar. Pero cuando el otro lo atemoriza, considerará su palabra como una intrusión violenta.

Alrededor de los dieciocho meses, todos los niños dejan de hacerse eco de los gestos de los demás: hasta entonces, reían cuando alguien reía y ponían una expresión seria cuando alguien se enfadaba. A esta edad, dejan de sincronizar sus respuestas mímicas con las muecas de los adultos y se quedan perplejos delante de nuestros gestos y palabras,[40] como si pensaran: «¡Veamos qué pasa aquí! Si ella hace esta mueca es porque por su cabeza pasa una emoción de cólera cuyas consecuencias voy a sufrir yo. Cuando ella produce tal sonido con la boca, revela algo de su mundo que yo no puedo percibir. Este ademán o este sonido ofrecen una puerta de entrada a su espacio íntimo». Los niños que tienen acceso a la empatía aprovecharán el sentimiento percibido en el cuerpo del otro como una ocasión para poder alcanzar aquello que no perciben. Pero los niños que tienen temor de toda exploración desviarán la mirada, aumentarán sus autocontactos para sentirse seguros y de ese modo frenarán el desarrollo de su empatía y retardarán la adquisición de la convención de la palabra.

Por cierto hay muchas causas que pueden despertar ese temor de orientarse hacia el otro. Puede tratarse de un déficit neurológico, como vemos en ciertas enfermedades genéticas en las que una malformación del cerebro le impide al niño aprender a decodificar las señales que le llegan del cuerpo del

---

de pathologie du langage), Université René Descartes, fascículo n.º 23, 2003, pág. 103.

40. Jouanjean-L'Antoëne, A., «Genèse de la communication entre deux jumelles (11-24 mois) et leurs parents: approche éthologique, différentielle et causale», tesis, Université de Rennes-I, 1994.

otro. Puede tratarse también de un trastorno del desarrollo neurológico, como vemos en las intoxicaciones cerebrales precoces del feto o del niño cuando el veneno altera las sinapsis. Puede tratarse de una perturbación de las interacciones tempranas, cuando el medio enfermo priva al pequeño de la base de seguridad y le impide modelar su cerebro, como sucede en las situaciones de aislamiento sensorial. Este déficit hasta puede provenir de un trastorno psicocultural como el que se registra en niños constantemente aterrorizados en países en guerra.

De modo que el disparador del proceso empático es un envoltorio sensorial compartido entre los dos miembros de una relación. La música, los juegos, los cuidados y el afecto probablemente constituyan la materia de este envoltorio común que entreteje un espacio en espejo en el que cada uno se interesa en el otro y juega a descubrirlo.

La empatía enferma

No es difícil observar cómo se manifiesta una empatía enferma: los psicóticos, a menudo, temen cruzar el umbral de una puerta porque, al no percibir lo que hay del otro lado, se representan el espacio no percibido como un vacío en el cual tienen miedo de caer. Lo mismo puede decirse de los niños autistas, quienes decodifican mal las mímicas faciales que, para ellos, no indican la emoción del mundo íntimo del otro. No responden a la sonrisa que uno les dirige, se orientan afectuosamente hacia el perro que los amenaza o se sienten aterrorizados cuando otro niño los invita a jugar.

Habitualmente, un niño que comienza un desarrollo empático no puede evitar manifestar desde el segundo mes algunas conductas imitativas. En ese estadio, sus lóbulos prefrontales aún inmaduros no pueden inhibir la respuesta motriz. El mero hecho de ver una mímica de sonrisa le provoca una respuesta motriz de sonreír. Más tarde, cuando perciba una mímica de tristeza, encenderá las neuronas que gobiernan los músculos de la cara, en el medio de la frontal ascendente.* Ahora bien, en la misma situación, los niños autistas, no iluminan sus neuronas espejo.[41] La mímica triste de su figura de apego no desencadena la preparación de las neuronas a la respuesta motriz de su propia tristeza. En este caso el «estar con» no funciona y no prepara al niño para el contrapunto de las emociones. La ausencia de respuestas imitativas de los bebés de pocos meses, ¿podría constituir un síntoma para detectar precozmente el autismo? No parece imposible cuando vemos en cintas de vídeo de acontecimientos familiares (aniversarios, Navidad) que, entre los cuatro y seis meses, esos niños no manifiestan comportamientos anticipatorios: no adelantan los labios cuando se les presenta el biberón ni alzan los hombros cuando alguien se apresta a levantarlos en brazos. Las madres perciben esta dificultad de ajuste del comportamiento y dicen: «Siempre ha sido pesado, más difícil de sostener en brazos, menos juguetón que sus hermanos y hermanas». Pero sólo a los tres años se les dará el diagnóstico. Hoy esto puede hacerse antes.

El *Mitsein* sería una especie de envoltorio sensorial común a dos personas que se encuentran en diferentes niveles de desarrollo. Cada uno podría decir: «El hecho de observarlo no me deja indiferente y me prepara para compartir su acontecimiento, la acción que él efectúa y yo no». La causa del mal funcionamiento de este sistema interactivo puede ser neurológica cuando no hay lóbulos prefrontales o cuando éstos se conectaron mal en los primeros años de vida. En general, la mala adaptación corresponde al desarrollo, cuando el sujeto criado en un contexto de empobreci-

---

41. Da Pretto, M., Davies, M. S., Pfeifer, J. H., Scott, R. A., Sigman, M., Bookheimer, S. Y. y Jacobini, M., «Understanding emotions in others: mirror neurodysfunction in children with autism spectrum disorders», *Nature Neuroscience*, 9, 7, enero de 2006.

miento afectivo no aprendió a desconcentrarse, a salirse de sí mismo. La persona sana, enfermada por su medio, no tuvo ocasión de familiarizarse con los gestos del otro. Más tarde, le atribuirá pensamientos, creencias e intenciones, una atribución que tiene su origen en no haber compartido el mismo envoltorio.

En ese continente sensorial, la empatía adquiere formas variables. Los psicópatas que nunca aprendieron a salirse de sí mismos, perciben al otro como una simple señal. Si ese otro sufre y gesticula, el psicópata se divierte. Cuando el desarrollo de su empatía ha sido frenado, el psicópata experimenta, como un depredador, una empatía de objeto. El sufrimiento que inflige no le provoca ningún disgusto.

Los niños aislados manifiestan frecuentemente esta anomalía de la empatía. Privados de los necesarios tutores del desarrollo, tuvieron que adaptarse a esta carencia del medio aumentando sus actividades y su mentalización autocentrada, aunque a veces se les ocurre torturar sin sadismo sólo para ver cómo reacciona el otro. Estos últimos niños son más narcisistas que psicópatas pues es suficiente que alguien les haga descubrir el sufrimiento que han infligido al mundo del agredido para perturbarlos y hacerles interrumpir sus torturas exploratorias.

Los psicóticos también tienen dificultades para decodificar los gestos. Los paranoicos a menudo interpretan una sonrisa como una señal de desprecio o un silencio como la prueba de que estaban hablando de ellos. Son prisioneros de su propia interpretación y no de la decodificación que les haría comprender lo que la sonrisa o el silencio revelan del mundo del otro. El psicótico que participa en un reunión y de pronto se masturba en público no está transgrediendo, no se divierte por el malestar que provoca en los demás, como haría un psicópata. Sencillamente no es capaz de advertir lo que su comportamiento puede provocar en el espíritu de los que presencian la escena.

Estas personas manifiestan un déficit de activación de la amígdala.[42] El núcleo de neuronas que se encuentra en el extremo anterior del anillo límbico* no se enciende, como lo haría si el psicótico experimentara una emoción de angustia o de alegría, de cólera o de temor en el momento de masturbarse en público. Encerrado en sí mismo, responde a un estímulo que le viene de su propio cuerpo, sin tener en cuenta lo que esa reacción habrá de despertar en el espíritu de los demás. Desconcentrarse de la percepción de uno mismo para representarse un no yo es un ejercicio que los psicóticos no pueden realizar fácilmente. Tomar en consideración la perspectiva del prójimo es una tarea en la que participa todo el sistema nervioso, cuyos circuitos se han formado en las primeras interacciones de la vida, y ese sistema se activa en virtud de la presencia de otra persona con la que uno desea encontrarse.

Hay que estar loco para no creer en su delirio

Cuando el modelado precoz de su cerebro no le ha permitido aprender a aplazar una satisfacción, el sujeto responde de inmediato a su pulsión porque no ha aprendido a esperar que otro intervenga más tarde. Esta idea se ha puesto a prueba en experimentos en los cuales se da una recompensa inmediatamente después de la señal que la anuncia.[43] Todos los mamíferos que fueron satisfechos sin dilación se volvieron intolerantes a la frustración. Cuando la señal prometedora no daba paso a la recompensa instantánea prevista, las reacciones emocionales eran intensas y la agresividad del frustrado se

42. Green, M. J., «La persécution (ressentie): un évitement actif», *Neuroscience Biobehavior Revue*, 28, 3, 2004, págs. 333-342.
43. Padini, M. R., «Comparative psychology of surprising non reward», *Brain, Bahavior and Evolution*, 62, 2002, págs. 83-95.

entendía como consecuencia de una falta muy aguda. A otros animales se los recompensó irregularmente. En este grupo, nunca hubo reacciones emocionales de impaciencia ni de cólera, como si todos ellos hubieran adquirido la aptitud de retrasar la satisfacción, de tolerar la frustración.

Hoy las neuroimágenes han hecho visible este aprendizaje precoz de las reacciones emocionales de los niños autistas.[44] Cuando un niño ve comer a alguien, enciende las neuronas espejo de la base de su ascendente frontal, que se conecta de inmediato con la zona prefrontal de la anticipación y con el circuito límbico de la memoria y de las emociones.* En cambio, el niño autista, en la misma situación, ilumina la zona parietal anterior izquierda de la sensibilidad del hemicuerpo derecho y se conecta con la zona asociativa visual derecha. Para él, el hecho de ver a alguien comer no lo prepara para realizar idéntica acción, sino que desencadena la sensación ¡de ser tocado en su hemicuerpo derecho! En relación con los autistas, es clásico que las personas que los rodean se asombren por sus sinestesias, es decir, por la capacidad de asociar una percepción con una vía sensorial inesperada, como cuando oír una música provoca un sabor en la boca o el enunciado de una letra del alfabeto evoca un color. Cuando una persona observa a otra y sus neuronas espejo la preparan para hacer lo mismo, podemos suponer que esta manera de ponerse en el lugar del otro predice algún tipo de sociabilidad. Mientras que, cuando un niño autista experimenta una sensación extraña en su hemicuerpo derecho porque ha visto a un compañero comer una manzana, podemos predecir una sociabilidad extraña. Es un hecho admitido que los autistas están invadidos por los sonidos y las imágenes, lo cual explica que se enajenen con frecuencia y que ten-

---

44. Davis, K. M., Goldring-Ray, S. y Kraft, R. H., «Attachment security and frontal asymmetry: differences in emotion regulation strategy, Poster», *American Psychological Society*, 1998.

gan una prodigiosa memoria para la música y las imágenes. Pero como permanecen adheridos al significante que los inunda, tienen dificultades para separarse y crear el espacio en el que los otros niños tienden pasarelas de palabras.[45]

Esta ausencia de separación que impide distinguir entre el yo y el no yo existe también entre los paranoicos que no consiguen distinguirse de sus perseguidores: «Él siente lo que yo siento, piensa lo que yo pienso, cree lo que yo creo». Esta convicción es para él una prueba. Sabe perfectamente lo que siente y lo que quiere hacer, experimenta claramente lo que le atribuye al otro. Esta no distinción entre uno mismo y los otros explica por qué con tanta frecuencia los psicóticos nos dicen que hay que estar loco para no creer en su delirio.

Empatía y cine

El simple hecho de apegarnos a alguien nos embarca en un trabajo de desconcentración de nosotros mismos. Las neuroimágenes de la empatía de las parejas nos permitirán ver y comprender cómo se inicia esta aventura.[46] Postulemos que en las parejas de enamorados cada miembro está atento al otro. En una primera etapa, se coloca a la dama en una máquina de resonancia magnética, se le da un suave *shock* eléctrico en el dorso de la mano, lo cual nos permite ver la zona cerebral alertada por el afluir de las vías del dolor: la zona cingular anterior.* Luego, en presencia de la mujer se le inflige al varón la misma leve descarga: observamos que en el cerebro de la mujer que no ha recibido ninguna descarga se ilumina la misma zona cingular. Finalmente, escribimos en una

---

45. Golse, B., *Le Développement affectif et intellectuel de l'enfant*, Masson, París, 1989.
46. Holden, C., «Imaging studies show how brain thinks about pain», *Science*, vol. 303, 20 de febrero de 2004.

pizarra la intensidad de la descarga que se supone ha recibido el amante y vemos que el mero enunciado, la cifra escrita, también estimula la zona cerebral del dolor de la mujer. La parte anterior de la zona cingular anterior, la ínsula, el tálamo y la parte parietal sensible* que recibe las informaciones cutáneas de la mano pasan al rojo, como si la dama hubiera recibido realmente la descarga. Independientemente de que el dolor sea percibido o representado, que pase por las vías neuroquímicas o por la percepción de una palabra, la misma zona cerebral, alertada, provoca una emoción que se siente en todo el cuerpo. El hecho mismo de representarnos en nuestro mundo psíquico el sufrimiento de alguien a quien amamos nos provoca una dolencia biológica.[47] Cuando la persona que amo sufre, yo no sufro como ella, pero no puedo ser feliz. Mi bienestar depende de su felicidad.

Uno puede actuar sobre cualquier punto del sistema del sufrimiento, cuyas puertas de entrada son diferentes. Un medicamento puede modificar las sustancias que permiten que las vías neuroquímicas transporten el dolor. Pero también es posible reorganizar las representaciones de imágenes y de palabras que, de todas maneras, estimularán la misma zona cerebral. Un cuadro, una novela, una película o una psicoterapia modifican nuestros sentimientos puesto que solemos llorar aun cuando «sabemos que no es verdad» y puesto que podemos «ver las cosas de otro modo» después de un trabajo verbal. El poder que tiene una representación sobre nuestro cuerpo es tan grande que la espera de un dolor es ya en sí misma un sufrimiento, así como la esperanza del alivio nos calma de inmediato. De modo que la palabra que permite reorganizar las emociones puede ser tanto una bendición como una maldición. Una frase nos hace sentir encantados y otra nos tortura.

---

47. Singer, T., Seymour, B., O'Doherty, J., Kaube, H., Dolan R. J. y Frith, C. D., «Empathy for pain involves the affective but not sensory components of pain», *Science*, vol. 3, 20 de febrero de 2004.

Los relatos culturales en los que estamos inmersos pueden hacernos sentir eufóricos cuando lo real no ofrece esperanzas, como también pueden derrumbarnos en una situación de calma. El placebo (que place) posee un efecto biológico,[48] igual que el nocebo (que perjudica). Quien espera el dolor lo sufrirá más, como se veía en la época en que los relatos familiares y culturales preparaban a las mujeres para «parir con dolor». La aparición del parto llamado «sin dolor» y de las técnicas de dominio del sufrimiento gracias a las inyecciones peridurales ha logrado que hoy muchas jóvenes dominen los dolores del parto... sin ninguna inyección. El saber que es posible, lo hace posible.

Las neuroimágenes nos permiten observar cómo una creencia llega a modificar los circuitos neurológicos del dolor. Una neuralgia de origen físico pasa por los captadores mecánicos especializados, las fibras nerviosas sin mielina, los cordones posteriores de la médula, los centros de retransmisión del tálamo que la proyectan sobre la corteza de la zona cingular* que finalmente se enciende después de ese largo recorrido. Pero basta con inducir una creencia mediante un relato, una película o suministrándole a la persona un placebo condimentado con palabras para ver que esta estimulación alerta con preferencia la zona prefrontal que inhibe las vías del dolor y se conecta directamente con la parte posterior de la zona cingular, la región cuya estimulación desencadena una sensación de bienestar y a veces de euforia.[49] Esta creencia en el efecto de un medicamento o en una protección sobrenatural no es suficiente cuando el dolor es extremo o cuando el sujeto no se deja sugestionar pero, con frecuencia, consigue modificar la intensidad del sufrimiento y, a veces, hasta lo hace de manera espectacular.

48. Lemoine, P., *Le Mystère du placebo*, Odile Jacob, París, 1996.
49. Wager, T. D., Rilling, J. K., Smith, E. E., Sokolok, A., Casey, K. L., Davidson, R. J., Kosslyn, S. M., Rose, R. M. y Cohen, J. D., «Placebo: induced changes in MRI in the anticipation and experience of pain», *Science*, vol. 303, 20 de febrero de 2004.

La carcajada desesperada

En la vida cotidiana no es raro observar una reacción paradójica durante un entierro o después de una mala noticia. La persona, auténticamente desdichada, lucha con todas sus fuerzas contra la expresión de su sufrimiento. Y así estimula, sin querer, el oxímoron neuronal, la zona prefrontal, soporte neurológico de la anticipación, conectada a la parte posterior de la zona cingular,* soporte de las sensaciones eufóricas. Entonces nos encontramos con un miembro de una familia en duelo, profundamente desgraciado, desternillarse de risa en el cementerio o expresar una alegría de la que se avergüenza pero que no puede impedir.

Un estudiante de medicina que hacía una guardia en un hospital ayudó al cirujano a operar de urgencia a un muchacho de quince años que se había disparado una bala de fusil en el abdomen. Al abrirlo, comprobaron que el hígado y el bazo, completamente despedazados, flotaban en un mar de carne y sangre. El joven murió en la camilla de operaciones. Al salir del quirófano, el estudiante se encontró con la familia del muchacho que esperaba en un banco; todos se pusieron bruscamente de pie y se lanzaron hacia los médicos. El estudiante, trastornado, estalló en una carcajada y tuvo que huir para esconderse, avergonzado de aquella reacción que no había podido controlar. A la mañana siguiente, tratando de comprender lo que le había sucedido, explicó que durante toda su infancia había tenido que luchar contra la desdicha cotidiana que reinaba en su familia. Para limitar el sufrimiento, se había refugiado en una busca constante de humorismo, de poesía y de belleza que le había permitido circunscribir la desgracia. Uno puede imaginarse que, siendo niño, cada vez que percibía una información triste se entrenaba para combatirla mediante el humorismo y la poesía, lo cual había estimulado las neuronas de la parte posterior de la zona cingular, encargadas de desencadenar las sensaciones eufóricas. Este circuito neurológico, abierto por un mecanismo psicológico de defensa contra la angustia, había trazado en su cerebro una memoria que facilitaba las respuestas eufóricas a cada situación desgraciada. Los miembros de la familia del joven suicida, al lanzarse en tropel hacia el estudiante trastornado, estimularon ese surco que le causaba una euforia paradójica.

La existencia del oxímoron neuronal confirma que las determinaciones genéticas pueden modificarse en virtud de las interacciones tempranas. Por efecto de las presiones del medio, un bebé genéticamente sano adquiere una tendencia a encauzar las informaciones con preferencia hacia una zona cerebral que provoca una sensación de sufrimiento o hacia la zona vecina que responde dándole una sensación de euforia. La orientación se facilita porque esos dos sentimientos, aparentemente opuestos, se transmiten por vías neuronales muy cercanas.

La historia da sentido a la empatía

El hecho de que en un organismo se hayan trazado muy tempranamente ciertas respuestas preferidas de tristeza o de alegría no excluye las significaciones psicológicas. Los acontecimientos se cargan de un sentido que procede de nuestra historia. Cuando la mujer de mis sueños sonríe de manera afectada sé que está enfadada y que no quiere que se le note. Los demás, que están con nosotros, no tienen la familiaridad que me permite saber que ella sólo sonríe de ese modo cuando no está bien. Los demás creen que está feliz, en tanto que yo sé que está triste y su malestar me crispa porque no puedo sentirme feliz si ella se siente desdichada. Si en ese momento yo pudiera observar su cerebro, observar cuando ella se prepara para sonreír de ese modo, probablemente vería cómo se iluminan sus dos polos temporales para desencadenar la contracción de los músculos de la comisura de los labios, pero al mismo tiempo descubriría la conexión instantánea con la banda inferior de los lóbulos frontales que encauzan la estimulación hacia la zona cingular anterior que libera una sensación de malestar. Yo, que la conozco de memoria, no tengo necesidad de ver la imagen tomada por el escáner para saber que está irritada. Una minúscula señal del comportamiento percibida en sus labios me basta para ponerme mal porque sé que ella no se siente a gusto.

Supongamos ahora que, a causa de mi propia historia, en mi infancia adquirí un temor hacia las mujeres: sólo me siento fuerte si ella es débil. Su fragilidad me da seguridad y me provoca una reacción de cortesía que todos admiran. Cuando ella se siente mal, yo me siento tierno y deseoso de confortarla porque ya no siento miedo de ella. Funcionamos juntos preverbalmente y, sin embargo, es nuestra historia la que, al atribuir a un hecho significaciones diferentes, armoniza nuestros cerebros y nuestros sentimientos en un contrapunto empático. En la mayor parte de las parejas, la felicidad de uno pone eufórico al otro. Pero no es raro que a causa de su historia, un hombre se sienta más seguro con una mujer débil que no lo intimida o que una mujer aterrada por los hombres demasiado seguros de sí mismos experimente ternura por un príncipe encantado vulnerable.

Probablemente la empatía preverbal constituya el punto de partida de una manera de relacionarse. Para defender esta idea, basta con organizar experimentalmente una especie de juego de Monopoli: un jugador tiene la consigna de hacer trampas ostensiblemente a fin de crispar a sus contrincantes y, cuando gana, provocar en ellos un sentimiento de injusticia. Después de la partida, se le solicita a otro jugador que se someta a una resonancia magnética. Luego se hace sentar al tramposo y a un jugador honesto a cada lado de la persona cuyo funcionamiento cerebral está siendo examinado. Cuando el experimentador envía un suave descarga eléctrica en el dorso de la mano del participante honesto, la zona cingular anterior de la persona observada adquiere el color rojo de las combustiones intensas, lo cual prueba que toma parte empáticamente del dolor del otro. Pero cuando se le inflige la misma descarga a la mano del embustero, el cerebro de la persona observada conserva el color azul, es decir, el color que indica reposo cerebral, lo cual revela que permanece indiferente ante el sufrimiento del que juega sucio. En los hombres, esta detención de la empatía por un compañero que no juega como es debido es más frecuente que en las mujeres.[50]

La proximidad afectiva que aumenta la empatía se impregna en la memoria al ritmo de los encuentros cotidianos en los que se va tejiendo el apego. Hasta podemos pensar que cada cultura produce relatos placebos o nocebos en los cuales se sumergen los individuos. Así es como las personas experimentan sentimientos de euforia o de abatimiento inducidos más por lo que les han contado que por lo que es real. Las ideologías extremas utilizan el efecto placebo o nocebo de los relatos para manipular nuestros sentimientos. Lo angelical se opone a lo diabólico, los mañanas venturosos engendran una emoción maravillosa que contrasta con los discursos sombríos de los apasionados del pasado. «La forma mítica está por encima del contenido del relato»,[51] la manera de decir modela la manera en que el prójimo experimenta el mundo que se le presenta. Y si por ventura creemos en un mismo relato, éste inoculará en cada uno de nosotros una sensación de pertenecer a una misma familia, nos hará

---

50. Singer, T., Seymour, B., O'Doherty, J. P., Klass, E. S., Dolan, R. J. y Frith, C. D., «Empathic neural responses are modulated by the perceived fairness of others», *Nature*, vol. 439, 26 de enero de 2006, págs. 466-469. (Artículo señalado por Pierre Vassaly, Ginebra.)

51. Lévi-Strauss, C., *Anthropologie structurale*, Plon, París, 1958, citado en Barus-Michel, J., *Souffrance, sens et croyance*, Ramonville-Saint-Agne, Érès, 2004, pág. 75.

sentir a todos como «hermanos», hará que nos comprendamos y nos amemos unos a otros. «La imitación […] que pone el acento en los aspectos gregarios de la humanidad»[52] nos permite existir juntos y compartir un mismo mundo de palabras y de emociones.

La verbalidad no es un mundo paralelo. Entre lo real y su representación, el cerebro es el nexo que explica cómo la empatía nos da la posibilidad de vivir juntos en las buenas y en las malas.

---

52. Girard, R., *Des choses cachées depuis la fondation du monde*, Grasset, París, 1978, págs. 15-16.

V
MATRIMONIO DE LA HISTORIA Y EL CEREBRO DE EDAD AVANZADA

Vejez animal

Cuando vi la luz por primera vez, un poco antes de que se desatara la Segunda Guerra Mundial, el mundo estaba poblado de viejos, de «personas mayores» como se decía. Ahora bien, estos últimos años he comprobado que ¡está poblado de jóvenes que me toman por su abuelo! Es evidente, es algo que cualquiera puede verificar. No entiendo cómo se atreven a decir que la población envejece.

Tengo dos o tres sueños realizados y algunos otros frustrados... conservo la esperanza y trabajo en mis proyectos. Alrededor de mí, la gente tiene cada vez más años, pero envejece cada vez más tarde. Me pregunto cómo se las han arreglado para lidiar con el inevitable envejecimiento biológico que comienza desde la juventud y el ineludible relato que dice quiénes son ancianos. La decadencia, el crepúsculo de los ancianos de que tanto se habla en Occidente, no tiene ningún sentido en Oriente, donde la representación de un tiempo cíclico prepara para el renacimiento y no para el naufragio. ¿Seríamos nosotros capaces de considerar el envejecimiento como un proceso precoz que no tiene nada de patológico?[1]

La noción de plasticidad cerebral nos enseña que la persona de edad optimiza lo que ya ha aprendido y compensa la capacidad que ha disminuido seleccionando las actividades en las cuales aún tiene un buen desempeño. De modo tal que

---

1. Richard, J., introducción a A. Lejeune (comp.), *Vieillissement et Résilience. Les interactions tardives*, Solal, Marsella, 2004, pág. 17.

debemos distinguir el envejecimiento sano de las patologías asociadas, biológicas, psicológicas y culturales.

Los modelos animales nos ayudan a reflexionar, pero no podemos extrapolar los datos obtenidos a los seres humanos. Mientras que, entre los ratones, la vacuna contra el Alzheimer es totalmente protectora, en los seres humanos provoca encefalopatías fatales. El microcebo es un diminuto lemur de Madagascar que mide doce centímetros, pesa ochenta gramos y sólo vive entre tres y cuatro años. En cautiverio, puede llegar hasta los doce años y nos ofrece así un modelo para estudiar los trastornos cerebrales que aparecen con la edad.[2]

Algunos animales muy maduros presentan lesiones neurológicas comparables a las de una persona que sufre el mal de Alzheimer, como las proteínas tau que se aglutinan en filamentos con forma de hélice. También se registran, en las paredes de los vasos sanguíneos cerebrales, depósitos amiloides que terminan por constituir placas. El cautiverio, al multiplicar por cuatro la esperanza de vida de esos pequeños monos, hace aparecer una disolución de las neuronas en la base del cerebro anterior.[3] Las neuroimágenes revelan una atrofia de la materia cerebral. La alteración del circuito límbico se identifica gracias a la disminución del olfato que desemboca en esta zona. La perseverancia de los errores es habitual, pues la memoria del animal está hasta tal punto alterada que ya no le permite corregir sus comportamientos mal adaptados.

Los perros nos ofrecen otro modelo que, sin que ello implique extrapolarlo a la especie humana, nos plantea algunas

---

2. Joly, M. y Verdier, J.-M., «Le microcèbe: un modèle primate pour l'étude du vieillissement cérébral et des pathologies associées», en A. Lejeune (comp.), *op. cit.*, pág. 26.

3. Bons, N., Jallageas, V., Mestre-Frances, N., Silhol, S., Petter, A. y Delacourte, A., «Microcebus murinus, a convenient laboratory animal model for the study of Alzheimer's disease», *Alzheimer Research*, 1, 1995, págs. 83-87.

preguntas. No todos los perros de una misma camada se desarrollan de la misma manera y cada uno reacciona de diferente modo a los accidentes inevitables de su vida de perro. Al envejecer, pierden gran cantidad de habilidades físicas y sus actividades de relación se reducen. El 10 por ciento de los perros domesticados llegan a superar los quince años, una edad que nunca habrían alcanzado sin los seres humanos.

El envejecimiento normal se caracteriza, como en todos los seres vivos, por una disminución de la velocidad motora y un desinterés gradual. La reducción de sus respuestas no debe atribuirse a la sordera puesto que, si bien permanecen indiferentes al sonido del timbre que anuncia una visita, se alzan de un salto cuando oyen el ruido del papel de una golosina.[4] Buscan menos el contacto con los extraños y se vuelven temerosos, lo cual a menudo provoca un apego excesivo que los dueños reciben con felicidad: «¡Se ha vuelto tan cariñoso!».

Los trastornos mentales son cada vez más frecuentes: accesos de confusión, desorientación en el espacio y el tiempo –que el amo interpreta como una escapada–, agresividad sorprendente, inercia, repliegue en sí mismo, dificultades para masticar, problemas de esfínteres... como en los simios y en los seres humanos. El escáner revela una fundición cerebral con dilatación de los ventrículos. Pero el análisis de las células de la corteza muestra lesiones bioquímicas diferentes de las dolencias de Alzheimer humanas.

En conjunto, los perros de edad avanzada libres de estas afecciones degenerativas con frecuencia son de talla pequeña, han sufrido menos traumas en su existencia y menos rupturas afectivas por cambio de adopción. Como sucede habitualmente, lo que es característico de una población no

---

4. Beata C., Marion, M., Marlois, N., Massal, N., Mauries, J.-P. y Muller, G., «La résilience chez les âgés: pléonasme ou oxymoron?, en A. Lejeune (comp.), *op. cit.*, pág. 38.

lo es de todos los individuos de ese grupo. Ciertos perros grandes, multitraumatizados y que vivieron en varios hogares adoptivos diferentes envejecen muy bien y así confirman que hay otros factores biológicos o afectivos que ejercieron una influencia protectora contra esta afección degenerativa.

El desgaste de los cuerpos. Causas naturales y culturales

El mundo mental de los perros está compuesto por representaciones sensoriales, mientras que el de los seres humanos está principalmente cargado de representaciones verbales que explican el destino variable de las personas traumatizadas. Un trauma puede marcar la vida de un perro o sencillamente borrarse, según la convergencia de factores de protección biológicos y del medio. Un hombre, en cambio, al superar sus heridas y despertar con ello la admiración de quienes lo rodean puede experimentar el placer de la victoria y modificar la idea que tenía de lo que le aconteció. Vemos entonces personas gravemente heridas en el momento de la desgracia que, con el transcurrir de los años, consiguen elaborar una experiencia constructiva de ese sufrimiento pasado,[5] es decir, hacen un trabajo de resiliencia. Los ex combatientes de la Segunda Guerra Mundial que pudieron utilizar sus padecimientos para realizar un trabajo de reflexión y de compromiso social sufrieron menos síndromes postraumáticos y terminaron por organizar una vejez feliz.[6] En la vida

---

5. Affleck, G. y Tennen, H., «Constructing benefits from adversity: adaptational significance and dispositional underpinnings», *Journal of Personality*, 64, 1996, págs. 899-922.

6. Aldwin, C. M., Levenson, M. R. y Spiro, A., «Vulnerability and resilience to combat exposure: can stress have lifelong effects?», *Psychology and Aging*, 9, 1994, págs. 33-44.

real, sus sufrimientos fueron enormes pero, en la representación de lo real, con la perspectiva que da el tiempo y la busca de un sentido que pueda ser compartido, la infelicidad que sentían evolucionó hacia un estado de felicidad, a pesar de todo. Puesto que el paso de los años modifica las representaciones, podríamos proponer una filosofía del tiempo en las personas añosas, asociando la biología de la memoria con las representaciones antropológicas.

Las leyes físicas se debilitan puesto que lo real se desgasta,[7] la vida biológica se debate contra la muerte y, curiosamente, la vida psíquica es la que se mantiene más tiempo y se opone a la desaparición gracias a las representaciones transmitidas a través de los siglos o los milenios. Cuando un individuo muere físicamente, la idea que conservamos de él persiste durante mucho tiempo en nuestro interior. Cuando morir es una parte más de la vida, el apego que sentimos por los que ya partieron inicia otras formas de vida íntimas y colectivas.

El medio más seguro de vivir mucho tiempo es elegir padres que hayan vivido mucho tiempo. Si uno fuera secuoya u olivo, podría contar con una existencia de muchos miles de años. Si fuera tortuga o loro, debería contentarse con apenas algunos siglos. Pero si somos ballena, cuervo o ser humano, sólo podremos esperar estar como mucho un siglo en este mundo. Estamos mejor que los ratones o los monos ardilla, que no superan los tres años, o que las moscas, que sólo vuelan tres días. La muerte está determinada genéticamente,[8] lo cual no quiere decir que sea un destino inexorable pues la biología no siempre cumple sus promesas. Cuando la tecno-

---

7. Klein, E., «La physique du temps et du devenir», en *Penser le temps pour lire la vieillesse*, Fondation Eisai, PUF, París, 2006.

8. Nothias, J.-L., «Y a-t-il une limite à la durée de la vie humaine?», *Le Monde*, 13 de octubre de 2005; e Instituto de la longevidad y el envejecimiento Émile-Beaulieu.

logía y los derechos del hombre modifican la ecología y la manera de vivir, la muerte no llega a la cita el día previsto. Hasta el siglo XIX, las mujeres morían muy jóvenes y un niño de cada dos fenecía en el primer año, como lo atestigua el cálculo de la edad de los esqueletos sepultados.[9] Sólo los aristócratas y algunos grandes burgueses, vale decir el 2 por ciento de la población, superaban los ochenta años que normalmente alcanzamos hoy.

En el siglo XXI, los pobres morirán más tempranamente que los ricos, los buenos alumnos se transformarán en buenos ancianitos y el 50 por ciento de las niñas nacidas en el año 2000 llegarán a ser centenarias. La caída de las hojas en otoño o la autodestrucción de las células desgastadas, a pesar de su determinante genético, varían según el medio ecológico y social. A veces la apoptosis se desorganiza y las células ejecutan en veinte años la cantidad de divisiones celulares previstas para cien, como ocurre en los casos de síndrome de Werner en los que los niños se convierten en viejitos a los diez años. Pero, en general, lo que desgasta los organismos o preserva el capital biológico es la modificación de la ecología y la manera de vivir cotidianamente.

La muerte tiene pues un valor creativo ya que la periodicidad que elimina individuos, grupos y especies enteras ofrece una oportunidad a otras maneras de vivir. Sin la muerte, el mundo vivo sería viejo y desgastado.[10] Gracias a la muerte celular, una parte del cuerpo de los viejos permanece joven; gracias al desgaste, ciertos elementos del cuerpo social dan

---

9. Índice de Hayflick, número de las divisiones celulares que un organismo no puede superar, pero que puede gastar rápida o lentamente: 100 divisiones en el caso de las tortugas, 50 en el de los hombres y 25 en el de los gallináceos.

10. Bonis, L. de, *Évolution et extinction dans le règne animal*, Masson, París, 1991, págs. 164-187.

lugar a la juventud y la desaparición de las especies permite el florecimiento de otros seres vivos.

Cuando el encuentro sexual inventa individuos genéticamente nuevos, las leyes sociales serán uno de los principales factores que faciliten u obstaculicen su desarrollo.[11] En dos generaciones, gracias a la tecnología, la esperanza de vida de los hombres ha aumentado sensiblemente y la de las mujeres ha experimentado una verdadera explosión. Pero la manera de vivir antes de los sesenta y cinco años contribuye a determinar esa nueva esperanza pues los obreros gozan poco de su retiro mientras que los docentes se benefician más.[12] La mundialización del envejecimiento de la población explica, en Occidente, el desplazamiento del poder político y económico hacia los ancianos. Tal vez hasta las modificaciones culturales recientes –que se caracterizan por la explosión de la memoria histórica–, los relatos de las guerras del siglo XX y las condiciones de existencia de las generaciones pasadas sean una manera de dar sentido a la vida psíquica de las personas de edad avanzada.

La larga memoria de las personas de edad

La neurología permite imaginar lo que sería la condición humana de un hombre desprovisto de sentido. Las tres mil lobotomías realizadas anualmente en Francia como consecuencia de accidentes de automóvil o de motocicleta o las cien mil atrofias frontotemporales que con frecuencia se confunden con el mal de Alzheimer demuestran fácilmente

---

11. Susanne, C., Rebato, E. y Chiarelli, B (comps.), *Anthropologie biologique. Évolution et biologie humaine*, De Boeck, Bruselas, 2003.

12. Fuente OCDE (Organización de Cooperación y de Desarrollo Económico).

cómo la incapacidad neurológica de anticipar modifica los comportamientos empáticos. Un lobotomizado orina delante de todos porque responde a la estimulación inmediata de su vejiga sin que le moleste la mortificación que su acto va a provocar más tarde en el mundo mental de los demás. Los comportamientos de conversación de quienes sufren demencia frontotemporal provocan malestar en sus interlocutores pues estos pacientes sostienen la mirada de manera indecente respondiendo solamente a su interés inmediato, sin preocuparse por el efecto que producen, como lo hacen los bebés que aún no tienen acceso a la empatía. Los afásicos, por su parte, pueden planificar una conducta, ir a buscar una herramienta para trabajar en el jardín, preocuparse por la reacción del otro, pero ya no pueden decirlo. Lo que detiene la empatía es sin duda la incapacidad de representarse el tiempo y no la falta de la palabra.

Uno construye la idea que se hace de sí mismo, uno da forma a su pasado con recuerdos precisos o recompuestos, a veces con falsos recuerdos que nos permiten gobernar nuestro futuro pues conocemos nuestros hábitos pasados. Sólo podemos hacer semejante trabajo si nuestro lóbulo prefrontal de la anticipación permanece conectado con el circuito límbico de la memoria y si el medio nos rodea de algunas figuras destacadas y de acontecimientos sociales que jalonen nuestra memoria íntima.

La memoria de trabajo, la que transforma los acontecimientos recientes en recuerdos, disminuye a partir de los sesenta años. Se hace difícil repetir una serie de diez cifras o de nombres elegidos al azar. La memoria de los relatos, en cambio, mejora con la edad. Y la gente en general hasta tiene tendencia a creer que esas historias son edificantes y constituyen pruebas de sabiduría, cuando sencillamente se trata del resultado de una estrategia de existencia mil veces revisada, mil veces repetida que proporciona a la persona de edad una certeza reiterada.

Por otro lado, los ancianos que aún quieren hacer realidad un sueño o terminar un proyecto viven en la anticipación. Desean pintar, descubrir, comprender y comprometerse en acciones humanas. Sus relatos permanecen abiertos hacia el porvenir, despiertan todavía una esperanza y crean un sentimiento de familiaridad tranquilizadora.[13]

Las narraciones de las personas de edad avanzada alternan los consejos del que da lecciones con las ideas del creativo en busca de nuevos acontecimientos. En los dos casos, los relatos opuestos preservan su identidad. Hasta en los casos de restricción temporal de las demencias en las que el enfermo ya no puede anticipar lo que podría suceder ni buscar entre sus recuerdos, algunos fragmentos resurgentes mantienen la estructura de un yo esquelético: «Corta las frases bruscamente en medio de una charla como detiene sus movimientos cuando va a buscar algo y se olvida de lo que iba a buscar», me decía la señora D. «Se siente mejor cuando resurge algún recuerdo. Y a menudo repite: "Llegué a Bizerte con toda mi familia y mi comandante me dijo: 'Yo no lo mandé llamar'." Y sonríe, y entonces me doy cuenta de que ya está calmado.»

También suele ocurrir que uno cuente algo y olvide la fuente. O que no sepa por qué relata con tanta frecuencia una película romántica que todavía lo conmueve. Sencillamente porque olvidó que fue a verla con su primer amor cuando tenía quince años. Una percepción trivial desencadena una evocación personal. Una antigua canción, un par de pantuflas gastadas, un cuadro descolorido, provocan una reminiscencia visual. Como el sabor de la magdalena de Proust, una imagen puede evocar una situación pasada.

---

13. Clarys, D., «Mémoire épisodique et vieillissement», *Le Journal des psychologues*, 183, diciembre de 2000-enero de 2001, págs. 76-77.

Momentos privilegiados de nuestras reminiscencias

Pero en las personas de edad siempre hay un «pico de reminiscencias»,[14] un momento de su biografía evocado más fácilmente: los acontecimientos vividos entre los diez y los treinta años constituyen la columna vertebral de nuestra identidad. Cuarenta o cincuenta años después, vinculamos preferentemente los objetos y los acontecimientos que percibimos con este período sensible de nuestra juventud en el que lo afectivo y lo social se disponían a dar sentido a toda la aventura de nuestra existencia.

Los ejercicios físicos, los placeres intelectuales y las relaciones afectivas tienen un efecto protector para nuestras neuronas, lo cual explica por qué durante mucho tiempo se dijo que los niños genios se transformaban en buenos ancianos. En realidad, lo que protege sus neuronas no es la eminencia de su coeficiente intelectual, sino la consecuente manera de vivir. La socialización que ofrece hoy la escuela les ha dado responsabilidades, los ha entrenado para leer, reflexionar, viajar y descubrir numerosas actividades que estimulan sin cesar el cerebro. Este estilo de existencia los ha protegido del envejecimiento mórbido. Los pequeños buenos alumnos que nuestra sociedad mima hoy, cuando sean viejos, tendrán menos atrofia cerebral que la población general.[15]

A la inversa, las rupturas afectivas precoces, al orientar al niño hacia una existencia difícil, inducen «un trabajo de duelo no elaborado que provocará la producción de amiloides y la pérdida celular en zonas como el hipocampo, preparando

---

14. Fitzgerald, J. M., «Vivid memories and the reminiscence phenomenon: the role of a self narrative», *Human Development*, 31, 1998, págs. 261-273.

15. Coffey, C., Saxton, J., Ratcliff, G., Bryan, R. y Lucke, J., «Relation of education to brain size in normal aging implications for the reserve hypothesis», *Neurology*, 53, 1999, págs. 189-196.

así el terreno para la demencia».[16] En este tipo de razonamiento que asocia la clínica médica con la psicología de lo cotidiano y la biología fundamental, se postula que lo que nos orienta hacia la demencia o lo que nos aleja de ella es una cascada de causas a la vez destructoras y protectoras. Lo que mejor protege nuestras funciones cognitivas es la higiene de vida: los ejercicios físicos, los esfuerzos intelectuales, la red afectiva familiar y de amigos, las pequeñas presiones que nos mantienen despiertos y las vacaciones que nos aletargan crean una alternancia que quiebra la rutina y proporciona una sensación de vivir. Los deportes moderados, el matrimonio, la amistad y los desacuerdos intelectuales son nuestros mejores medicamentos. La herencia y los traumas tienen un efecto débil en los envejecimientos mórbidos.[17] Mientras que el tabaquismo, el sedentarismo, el sobrepeso o el peso insuficiente y, sobre todo, el aislamiento afectivo e intelectual, constituyen los principales riesgos de una vejez difícil.

El apego que organiza nuestra manera de amar y de socializar está en el centro de la vejez, así como fue el eje de los primeros años de vida. La impronta afectiva inscribió en nuestra memoria el sabor que cada uno le da al mundo. Cuando nuestro envoltorio afectivo nos ha dado seguridad a lo largo de las interacciones tempranas, el sabor del mundo es suave, agradable y perfumado. Pero cuando hemos experimentado un sufrimiento íntimo o de alguien cercano, la vida con frecuencia adquiere un sabor amargo. Esta tendencia no es una fatalidad pues las improntas son aprendizajes cognitivos que evolucionan como todas las memorias borrándose o re-

---

16. Gualdo-Magaud, N., «La maladie d'Alzheimer. Questions sur la recherche illustrées par le programme ABORD (Banco de observación de investigaciones y datos de Alzheimer), tesis de medicina, Lyon-I, 2001, pág. 171.

17. Vaillant, G. E., «The association of ancestral longevity with successful aging», *Journal of Gerontology, Psycological Sciences*, 46, 1991, págs. 292-298.

forzándose. Ahora bien, hay momentos de la existencia en los que el apego es particularmente maleable. Durante los primeros años, las impregnaciones son fulgurantes, todas las neuronas envían prolongaciones sinápticas en todos los sentidos a toda velocidad. Cada encuentro posee un poder modelador. Luego el organismo se calma y, cuando el medio es estable, el niño establece sus relaciones aplicando el estilo afectivo que aprendió de manera no consciente. La adolescencia constituye un nuevo período sensible, ya que el flujo hormonal y los primeros amores avivan las neuronas y motivan nuevos aprendizajes.[18] La testosterona hace explosión en el varón y se multiplica por dieciocho en unas pocas semanas, mientras que en la niña el estrógeno aumenta lentamente en uno o dos años.[19] Los traumas, las pruebas y los trastornos inevitables de la vida influyen en las improntas ejerciendo efectos que varían según el sexo, la edad, la receptividad biológica y la significación de los acontecimientos. En cada transacción, el gusto del mundo cambia y modifica nuestra manera de relacionarnos con él.

La tercera edad constituye un último período sensible. El envejecimiento de las neuronas obliga al anciano a experimentar una transacción contradictoria: su identidad narrativa, mil veces revisada, le da certidumbres históricas en el momento en que, alrededor, el mundo cambia. Se siente más estable que nunca y, sin embargo, percibe lo que lo rodea como una extraña novedad. Las interacciones tardías[20] deben negociar con estos datos de su realidad. El niño experimenta el mundo como una evidencia encantada, en tanto que para el anciano es algo que no reconoce plenamente, a una edad en la que las aventuras exploratorias ya no lo tientan.

---

18. Bee, H. y Boyd, D., *op. cit.*, pág. 238.
19. Biro, F. M., Lucky, A. W., Huster, G. A. y Morrison, J. A., «Pubertal staging in boys», *Journal of Pediatrics*, 127, 1995, págs. 100-102.
20. Lejeune, A. (comp.), *op. cit.*

Nuevas maneras de amar

La constelación afectiva también cambia con el tiempo. Los padres de las personas de edad han muerto, el compañero de toda la vida ya no es compañero sexual, los viejos amigos se extinguen, las nuevas relaciones se hacen difíciles y los hijos, llevados por su propia existencia, permanecen apegados a sus ancianos padres, pero desde lejos. El mundo afectivo que rodea a las personas de edad se empobrece pero, como el relato de sí mismas está grabado en su memoria, las antiguas figuras de apego internalizadas, recordadas a través de objetos y símbolos, evocan sin cesar en su fuero íntimo al amado ausente. Pueden mantener un vínculo afectivo intenso con una figura ausente recordándola sencillamente por medio de una fotografía, una carta o algún pequeño objeto.

El poder simbólico es tan poderoso que puede transfigurar una nadería. Cuando uno está solo en la vida, abandonado por todos en un mundo irreconocible, puede acercarse a Dios, dirigirse a un lugar de oración con la esperanza de encontrarlo allí, percibir los objetos o los símbolos que evocan su presencia y participar de los ritos de interacción con Él. La plegaria, las posturas, los ritos, los sagrarios, los cantos o el incienso materializan la interacción divina. Estos objetos simbólicos fueron colocados con el propósito de evocar a Aquel que no podemos percibir y que, sin embargo, hace nacer en nosotros un sentimiento de protección y de seguridad, como lo hacía nuestra madre sesenta años antes.

El ser humano de edad avanzada responde a una representación confortadora internalizada, impregnada en su memoria. Esto explica por qué los ancianos que vuelven a acercarse a Dios son en general aquellos que de niños lo habían frecuentado.[21] Hasta quienes nunca conocieron a Dios y lo

---

21. Granquist P. y Hagekull, B., «Religiousness and perceived childhood attachment: profiling socialized correspondence and emo-

encuentran siendo ya personas de edad, experimentan la euforia de los reencuentros. La psique tiene horror del vacío, por lo tanto, cuando una persona anciana trata de representarse el más allá, siente una especie de vértigo en el borde del abismo y, desde el momento en que sitúa a Dios en ese lugar, se tranquiliza.

El retorno a Dios simboliza los reencuentros que permitían superar la angustia de la separación. Lo que se consigue dominar no es el miedo a la muerte, sino la pena por la pérdida de un hombre aún vivo. El contacto reconfortante con Dios ya no es físico como lo era el contacto con la madre; es simbólico puesto que necesita la presencia de objetos de culto, de lugares de oración y de ritos interactivos que evoquen al Todopoderoso representándolo. Antes de la palabra, el bebé se sentía reconfortado por una percepción, un ruido familiar, un olor, una caricia, pero, desde que comenzó a hablar, el niño habitó un mundo de representaciones y adquirió la capacidad de sentirse seguro sencillamente evocando la figura de apego ausente: «Mamá regresará... papá matará a los malos...». Desde entonces, el menor indicio evocaba al ausente y calmaba las penas del pequeño. Ahora bien, el mundo sensorial que rodea a la persona de edad se empobrece mientras que su mundo íntimo de representaciones se enriquece. Ya no es necesario que la figura de apego esté presente puesto que ha sido internalizada: cualquier pequeñez la evoca y provoca un alivio. La gente anciana nunca retorna a la infancia.[22] Dios, en cuanto base de seguridad internalizada, se transforma en un compañero de la existencia cotidiana. No en el más allá, no después de la muerte, sino que comparte la vida de todos los días, da seguridad, dinamiza, da

---

tional compensation», *Journal of the Scientific Study of Religion*, 38, 1999, págs. 254-273.

22. Cyrulnik, B., Delage, M. y Lejeune, A., *Résilience et mémoire: les interactions tardives* (de próxima aparición en Solal, Marsella, 2006).

sentido y organiza el estilo de relacionarse con los demás. Uno se apega a Él, como se apega uno a la vida, de manera confiada y jovial, a veces rígida, ambivalente y hasta temerosa.

Hay quienes sostienen que nuestras maneras de amar cambian en el curso del ciclo vital, pues se ha comprobado una importante disminución del apego seguro que pasa del 66 por ciento en la población general a un 33 por ciento en personas de sesenta y ocho años.[23] El estilo preocupado, inquieto y la chochez sólo se registran en el 3 por ciento de esta población, mientras que el apego temeroso –que se caracteriza porque los ancianos se sienten sometidos e intimidados por quienes les dan seguridad– se eleva al 12 por ciento. La modificación más notable se relaciona con el apego distante, que asciende a un 52 por ciento cuando en la población general es de sólo el 15.

Otros investigadores han obtenido promedios de los estudios comparativos entre franjas de edad de veinte a ochenta años y comprobaron una evolución bastante moderada. Los seguros continúan dominando (el 51 por ciento a los ochenta años cuando a los veinte son el 66 por ciento), mientras que los que evitan el apego aumentan netamente (son un 40 por ciento entre los de ochenta años y sólo un 16 por ciento entre los de veinte).[24]

Todos coinciden en que los apegos ansiosos, ambivalentes, desorganizados o confusos prácticamente han desaparecido. El apego de la persona de cierta edad se caracteriza por la disminución de los seguros –que siguen siendo mayoría pero muy ajustada– y por el aumento de los distantes. Probablemente los ancianos sean menos ansiosos porque tienden me-

---

23. Webster, J. D., «Attachment style well-being in elderly adults: a preliminary investigation», *Canadian Journal of Aging*, 16, 1997, págs. 101-111.

24. Magai, C., Hunziker, J., Mesias, W. y Culver, C., «Adult attachment and emotional biases», *International Journal of Behavioral Development*, 24, 2000, págs. 301-309.

nos a explorar y a proponerse proyectos extremos, tendiendo incluso a limitarse a las actividades en las que destacan y a los lugares que conocen, con lo cual refuerzan su base de seguridad íntima. ¿Será éso lo que llamamos «sabiduría»? Las personas de edad ya no tienen la posibilidad biológica de recibir nuevas improntas puesto que las sinapsis son más lentas, pero pueden organizar la existencia de la manera que más se ajuste a su nueva condición, reencontrarse con amigos de la infancia impregnados en su memoria, retomar con ellos la conversación interrumpida sesenta años antes y dejarse distraer por amigos ocasionales a los cuales se apegan poco.

Dios y el apego

La evolución del apego depende en gran medida de las culturas. Algunas brindan seguridad a las personas de edad madura, mientras que otras los llevan a aumentar sus apegos distantes a fuerza de herirlas. La indiferencia llega a ser un factor de protección cuando uno ha sufrido una cascada de traumas, cuando ha sido excluido por la cultura, cuando la familia se desintegra o cuando disminuye la ayuda social. En Estados Unidos, la población afronorteamericana evoluciona con más frecuencia (83 por ciento en comparación con el 40 por ciento de los blancos) hacia el apego distante, una especie de indiferencia afectiva. Ahora bien, quienes se apartan de los hombres porque están desgastados por la miseria, heridos por el repudio y humillados por los prejuicios, se alejan también de Dios. Cuando los ancianos viven rodeados por una constelación afectiva, conservan la fuerza interior y el placer de creer alegremente en Él.[25]

25. Cicirelli, V. G., «God and the ultimate attachment figure for older adults», *Attachment and Human Development*, vol. 6, n.º 4, diciembre de 2004, págs. 371-388.

En su conjunto, los representantes de la tercera edad son más religiosos que los jóvenes:[26] el 50 por ciento de ellos enriquecen su fe, mientras que el 8 por ciento la pierde. Los extraviados de Dios se reclutan principalmente entre los melancólicos, los abandonados y los grandes heridos de la vida. Para creer en Dios, hace falta fuerza y para sentirse fuerte, es necesario estar rodeado y contenido. Independientemente de que el punto de partida sea una carencia en los neuromediadores —como en el caso de la melancolía— o de que el déficit neurobiológico se deba a un aislamiento afectivo o a un abandono social, la persona herida en el alma a veces no tiene la fuerza necesaria para apegarse a Dios.

La edad, el sexo, la cultura y el estilo de apego se conjugan para imprimir en el creyente su manera de amar a Dios. Las mujeres lo aman más que los hombres y el color de la piel es un factor menos determinante que la cultura que alienta o desalienta la fe. La persecución es un buen medio de reforzar la creencia ya que obliga a los oprimidos a solidarizarse y a replegarse en sus representaciones compartidas de un Dios tranquilizador y protector. Uno se apega mejor a aquel que afronta al mismo enemigo.

La muchacha tenía dieciséis años y flotaba en una vida taciturna y sin sentido. Una tarde, mientras se moría de aburrimiento y se convencía de que estaba estudiando para un examen, se dejó caer en la cama con el mero propósito de permanecer allí, flácida y vacía. Sintió vagamente una impresión curiosa, una mezcla de angustia y de euforia, como cuando, transportado por la velocidad, uno experimenta al mismo tiempo miedo y gozo. De pronto, como en un vértigo, Dios entró en ella.

---

26. Wink, P. y Dillon, M., «Spiritual development across the life course: findings from a longitudinal study», *Journal of Adult Development*, 9, 2002, págs. 79-94.

No es raro que las personas adultas encuentren a Dios después de un período doloroso. El carácter súbito del paso de la angustia al éxtasis les da una sensación de iluminación interior que llaman «revelación». El consuelo divino sobreviene a menudo después de un intenso dolor físico.[27] Y, si en las personas de edad avanzada el éxtasis es más moderado, ello se debe a que, biológicamente, sus emociones no pueden ser violentas y los apegos que construyen son más bien livianos o esquivos.

El apego a Dios permite reflexionar sobre el sentimiento religioso en cuanto experiencia emocional. No se trata de aportar pruebas de su existencia ni de confirmar un dogma. Se trata sencillamente de comprender el efecto afectivo de Dios como un «fervor personal, una iluminación íntima»,[28] mucho más que como una reflexión sobre la religión. Y si globalmente los creyentes se sienten mejor que los no creyentes, ello se debe a que aquellos mantienen en su fuero más íntimo una base de seguridad. El hecho de encontrarse regularmente con otras personas que comparten la misma creencias, con «hermanos» que vienen a adorar al mismo «padre», en los mismos lugares, con los mismos ritos, estructura el envoltorio afectivo que sostiene a las personas de edad avanzada.

Todas las religiones hablan de nuestros orígenes y de la muerte, de la historia anterior a nuestro nacimiento y de lo que vendrá después de nuestra desaparición, con lo cual crean una representación dilatada del tiempo que corresponde a la de los ancianos y que es la que da sentido a sus vidas. Pero ese apego a Dios no sólo tiene efectos benéficos. El envoltorio afectivo necesario como sostén puede transformarse en

---

27. Janet, P., *De l'angoisse à l'extase*, Félix Alcan, París, 1926, reeditado en 1975 por la Sociedad Pierre-Janet y el CNRS, págs. 39-49.

28. Dortier, J. F., «La psychologie de la religion. Pourquoi croit-on en Dieu?», *Sciences humaines*, n.º 172, junio de 2006, págs. 54-57.

dictadura del pueblo creyente. Quien no crea como conviene que crea será tratado de infiel; quien no se someta al dogma, será considerado blasfemo. Y esa persona provoca un escándalo que merece la muerte por un comportamiento injurioso que mañana será olvidado.

Si la angustia y el éxtasis con frecuencia se asocian, probablemente se deba a que las zonas del cerebro alertadas son vecinas en la zona cingular y a que una estimulación afectiva intensa se difunde en la franja cercana y la enciende a su vez. Ahora bien, los grandes místicos son grandes torturados que por oleadas fluctúan hacia el éxtasis divino.[29] Se aíslan como lo hace cualquiera cuando sufre y se adhieren al menor rito como a un fetiche talismán. Son rígidos pues tienen un gran temor a despertar el sufrimiento y consideran la menor indolencia como una transgresión escandalosa. Se sienten tan aterrorizados por aquellos que saben amar calmamente que tratan de aniquilarlos hablando del amor de Dios al cual se apegan desesperadamente.

Dios y el amor sublime

Los visionarios, los comatosos y los sumamente ansiosos cuentan a menudo haber vivido un éxtasis sublime, una sensación de abandonar el cuerpo, de levitar, de dilatarse en el cosmos. Cuando descienden nuevamente a la tierra, una vez calmado el doble sentimiento de sufrimiento y éxtasis, toman esta experiencia como una prueba de su elección, una revelación que les permitió unirse a Dios. Un no creyente también pueden encontrar a Dios cuando, al oponerse con todas sus fuerzas al sufrimiento, experimenta súbitamente la

---

29. Argyle, M. y Hills, P., «Religions experiences and their relations with happiness and personality», *The International Journal of Psychology of Religion*, vol. X, 2000.

sensación de una expansión de su alma en el universo, el «sentimiento oceánico» de que hablaban Freud y Romain Rolland.[30]

En este enfoque afectivo de la creencia, no se intenta oponer la ciencia que diría la verdad a un Dios que sólo sería una ilusión reconfortante. La ciencia aporta verdades tan breves que en realidad sólo sirven para plantear nuevas preguntas y el apego a Dios analiza simplemente la manera en que somos capaces de amar. Puede tratarse de una estatua, de una imagen, de un objeto, de un texto o de un signo que representen lo no representable. La forma percibida que evoca a Dios produce, como toda base de seguridad, un efecto apaciguador, dinamizante y organizador del Yo. El seguimiento científico de la existencia de Dios en el cerebro revela que el electroencefalograma segrega más ondas alfa a ocho ciclos por segundo en los creyentes. Este testimonio bioeléctrico de la atención calmada aumenta durante las oraciones mientras que los indicadores biológicos del estrés desaparecen. Hasta las neuroimágenes muestran que la amígdala rinoencefálica disminuye su funcionamiento y provoca la morosidad de la corteza parietal.* La técnica permite observar lo que los místicos llaman «la inmersión interior»; se revela, en efecto, una desconexión del mundo exterior, mundo que quien está sumergido no percibe durante el tiempo que dura el acople de sufrimiento y éxtasis.[31]

Por supuesto, no estamos hablando de la localización cerebral de Dios, sino de la prueba neurológica de que su mera representación apacigua los marcadores biológicos del estrés. El enloquecimiento se calma, el sujeto desdichado recupera un poco del dominio emocional evocando su búsqueda

30. Freud, S., *L'avenir d'une illusion*, PUF, París, 1971.
31. Maton, K., «The stress-buffering role of spiritual support: cross-sectional and protective investigations», *Journal for the Scientific Study of Religion*, 28, 1989, págs. 310-329.

de protección y su sumisión a una poderosa y tranquilizadora base de seguridad íntima.

Todo esto explica por qué hay mil y una maneras de amar a Dios. Uno se apega a Él como se adhiere a una figura de apego y lo ama de la manera que aprendió a hacerlo mucho antes. Frecuentemente, con un estilo amable y jovial, le agradecemos el milagro de la vida o el habernos devuelto el gusto por el mundo que habíamos perdido. A veces se lo ama de manera ambivalente: hay que crisparse en el amor de Dios para no dejarse llevar por el diablo que nos tienta. También puede suceder que supliquemos con fervor que no nos abandone, como el náufrago que se aferra a su tabla de salvación. Este hiperapego ansioso nos vuelve fácilmente agresivos contra aquellos que tratan de quitarnos la tabla o quieren hacernos dudar de la calidad de nuestra fe. Tenemos tanta necesidad de creer que quien nos haga vacilar se nos presentará como un agresor.

Los fervores súbitos de la adolescencia se registran con mayor frecuencia en una población de jovencitas que anteriormente habían creado con sus madres un apego distante (28 por ciento).[32] Durante varios años se hizo el seguimiento de un grupo de niños con vínculos calmos, criados en familias religiosas: sólo el 1 por ciento de ellos descubrió a Dios en un arrobamiento súbito. En cambio, en un grupo de niños ambivalente experimentó ese enamoramiento el 4 por ciento. A veces, los distantes encuentran a Dios a través de una revelación, mientras que los seguros continúan amándolo tranquilamente.

Este fervor constituye un acontecimiento psíquico considerable, un punto de inflexión de la existencia a partir del cual habrá un antes y un después. Ya se trate de un apego ansioso, ya se trate de un rebote afectivo después de algunos

---

32. Kirkpatrick, L. A. y Shaver, P. R., «Attachment theory and religion: Childhood attachments, religious belifs and conversion», *Journal of the Scientific Study of Religion*, 29, 1990, págs. 315-334.

años de frialdad, el retorno del ardor pone al sujeto en riesgo de caer en un misticismo mórbido, una especie de escisión: una parte de la personalidad sufre y permanece helada, mientras que la otra hace eclosión y vibra ante el encuentro con la representación divina que le devuelve la vida. El cuerpo y lo real son dos lugares de sufrimiento, mientras que el alma y sus representaciones llegan a constituir un espacio paradisíaco. Los soldados que permanecían en las trincheras durante la Primera Guerra Mundial con frecuencia ilustraron esta idea. Mientras lo real les imponía la constante tortura del frío, el hambre, el barro, las ratas, el horror de los cadáveres y los trozos de miembros helados, gran número de jóvenes aterrorizados vivían al mismo tiempo una maravillosa historia de amor con Dios.[33] Cuando los niños enfermos se dan cuenta de que van a morir, a menudo sienten un verdadero arrobamiento por sus padres y su dulzura afectuosa ante la muerte hace que todos admiremos su valentía. Cuando un cuerpo está siendo torturado por lo real y el alma está maravillada por el amor a Dios, la mortificación y el éxtasis forman un par de opuestos. Después de la guerra, cuando la vida vuelve a ser soportable, aquella escisión se desdibuja en las memorias. Esos hombres recobran el placer de lo real y conservan la gratitud a Aquel que los salvó. Entonces, para hacérselo saber a los demás, pintan exvotos y construyen catedrales. La solidaridad del grupo constituye un factor de afecto, de seguridad y de fortalecimiento de la creencia.

Cuando lo sublime se vuelve mórbido

Lo sublime llega a ser mórbido cuando ciertos sobrevivientes de la trincheras conservan el odio por lo real que tanto los

---

33. Allport, G. W., *The Individual and his Religion*, Macmillan, Nueva York, 1950, pág. 56.

hizo sufrir. Para ellos, la salvación sólo existe en el más allá. Todo lo que permite saborear la vida provoca un sentimiento de disgusto o de vergüenza por ser feliz. Gozar en un cuerpo corrompido se vuelve un acto obsceno y aceptar la felicidad en la tierra equivale a traicionar a quienes murieron para protegernos. La felicidad es un escándalo y el odio del propio cuerpo orienta a estos hombres hacia el integrismo, a someterse a la ley del Salvador a fin de combatir lo real inmundo.

Durante las interacciones tempranas, la figura de apego debe estar sensorialmente presente para marcar en el psiquismo en pleno desarrollo del niño una impronta que le dé seguridad. Durante las interacciones tardías la persona de la tercera edad se retira progresivamente de lo real y habita cada vez más en sus representaciones de Dios y de sus recuerdos. En el transcurso de esas interacciones tardías, cuando lo real se desdibuja y el mundo de los recuerdos que llena el espacio íntimo ha sido pobre, el anciano tiene dificultades para apegarse. Cuando en Auschwitz lo real era indecible y el mundo íntimo estaba vacío, los reclusos ya no tenían una base de seguridad ni en sí mismos ni fuera de sí. Ni hombres ni dioses, el único alivio procedía de la esperanza de morir.

En un contexto de paz, cuando lo real es agradable, quienes pudieron desarrollar un apego seguro y adquirieron en la infancia la representación del dios de su cultura experimentan el placer y el asombro de conocer al dios de otro grupo. No renuncian al propio, pero, como a todo niño sereno, les gusta explorar y aprehender el mundo de las cosas y el de las personas, aun cuando sean diferentes. Mientras que los que adquirieron un apego ansioso sólo se sienten bien cuando están en contacto con su propio dios. Tienen tendencia a atribuirle plenos poderes hasta el punto de convertirlo en un dios totalitario. Los dioses extremos[34] no comparten. Para

---

34. Mikulinger, M. y Shaver, P. R., «Attachment theory and intergroup bias: evidence that priming the secure base schema attenuates

poder ofrecer seguridad a quienes creen en ellos, exigen una sumisión íntegra.

Cuando el envoltorio afectivo de una persona de edad avanzada se desgarra porque alguien muy cercano se aleja o muere, su mundo responde aún mejor a las representaciones que esa persona conservó en su memoria. La viuda sabe perfectamente que su marido ya no existe en lo real, pero siente que aún existe en las representaciones que guarda de él. Entonces, continúa hablándole, poniendo su plato y sus cubiertos en la mesa e imaginando los pasos del hombre cuando éste regresaba del trabajo o su respiración cuando dormía a su lado en la cama.

Los ancianos responden a sus representaciones mucho más que a lo real que los rodea. Piensan en los que ya no están, les hablan a las fotografías, defienden sus intereses o su memoria, embarcándose así en un proceso que los hace sentir más seguros y les permite vivir en un mundo que les resulta familiar. El mundo ya no los rodea, está dentro de ellos, en su memoria. Esta evolución psicobiológica explica el retorno a Dios propio de los ancianos que lo veneraron siendo niños.

Inversión de los apegos

Esta reorganización de la memoria que se opera con la edad, una configuración en la que lo que nos rodea se desdibuja mientras la narratividad íntima se fortalece, explica el retorno de las improntas y el cambio radical de los apegos. Cuando las personas de mucha edad hablan a los que ya no están y debaten con ellos un problema actual, como lo hacen con frecuencia las viudas, uno queda maravillado ante el poder tranquilizador de esa situación imaginaria

---

negative reactions to out-groups», *Journal of Personality and Social Psychology*, 81, 2001, págs. 97-115.

tan eficaz como la sesión de psicoterapia más lograda.[35] Revivir el pasado disminuye el poder tranquilizador de las bases de seguridad externas y aumenta el de las representaciones inscritas en la memoria. No es raro entonces oír a una madre anciana llamar «mamá» a su propia hija de quien hoy se siente más hija que madre. Esa mujer está respondiendo a la representación que tenía de sí misma en su infancia y al sentimiento de familiaridad tranquilizador que le aporta la hija, como lo hacía antes su propia madre. Este retorno de las improntas trazadas biológicamente en el inconsciente cognitivo invierte pues los roles parentales y otorga a los hijos el poder de quien brinda seguridad:[36] «Me siento más cómoda si está mi hija presente...» o «Le preguntaré a mi hijo...», suelen decir los ancianos cuando se les pide que tomen una decisión.

Ciertos hijos aceptan sin inconvenientes esta inversión de los roles, otros se alejan angustiados y algunos no comprenden por qué se sienten obligados a ocuparse de la madre que los maltrataba o del padre que los atemorizaba. Los hijos a los que se les asigna el papel de padres se conectan en esta nueva relación evocando el apego del pasado: «Estoy orgulloso de ocuparme de ella», «Por fin él es el padre de mis sueños...», «¿Por qué no habrá sido siempre tan cariñoso?», «Ya no quiero oír hablar del asunto... Es demasiado tarde...». Éstas son algunas de las frases frecuentes de quienes viven esa nueva relación en la que la inversión de roles despierta el pasado.

Independientemente de la cultura a la que pertenezca el sujeto, regularmente se da una distinción entre los apegos impregnados (padres, cónyuges, hermanos, amigos de la in-

---

35. Klas, D., Silverman, P. R. y Nickman, S. L., *Continuing Bonds. New Understanding of Grief*, Taylor and Francis, Washington DC, 1999.

36. Steele, H., Phibbs, E. y Woods, R. T., «Coherence of mind in daughter caregivers of mothers with dementia: links with their mother's joy and relatedness on reunion in a strange situation», *Attachment and Human Development*, 6 (4), diciembre de 2004, págs. 439-450.

fancia) y los apegos ocasionales (vecinos, miembros de un club, grupos de encuentro).[37] Los grupos ocasionales pueden constituir un sostén o una distracción, pero ya no tienen el poder de aprendizaje. Antes había una correlación entre el apego parental y el modo de socializar del niño, pero ya no hay relación entre el apego de los primeros años de vida y la manera de amar del anciano, lo cual prueba el carácter evolutivo de las improntas. A lo largo de una existencia, vivimos apegos diferentes cuya mezcla nos da un estilo afectivo característico: en una misma constelación afectiva,[38] podemos tender un vínculo inseguro con una madre preocupada, otro seguro con un padre ausente, aprender el aborrecimiento por un hermano mayor y la ambivalencia por una hermanita a quien admiramos pero cuyo éxito nos abruma. La convergencia de estas maneras de amar se impregna en nuestra memoria y evoluciona con arreglo a nuestros encuentros afectivos. Cuando una impronta no se ha modificado porque el sujeto era psicorrígido o porque su medio no dispuso alrededor de él una constelación afectiva variada, la huella del pasado resurge y hace reaparecer un sufrimiento que uno creía olvidado.

Figuras que fueron capitales en un momento de nuestra vida han desaparecido de lo real o de nuestra memoria. Ciertas estrellas afectivas que uno creía secundarias, en otras circunstancias, pasan a ocupar un lugar fundamental. El universo afectivo cambia de forma y, después de los setenta años, la restricción del espacio y de las conquistas sociales reduce la constelación del anciano a cinco o diez estrellas, algunas impregnadas y otras ocasionales.

37. Magai, C. y Consedine, N. S., «Attachment and aging», *Attachment and Human Development*, 6 (4), diciembre de 2004, págs. 349-351.
38. Baldwin, M. W., Keelan, J. P. R., Fehr, B., Enns, V. y Koh Ran Garajoo, E., «Social-cognitive conceptualization of attachment working models: availability effects», *Journal of Personality and Social Psychology*, 71, 1996, págs. 94-109.

El retorno de las improntas explica que, en la persona de edad, la proximidad afectiva de las interacciones tardías no se disponga de la misma manera que la de las interacciones tempranas. Un niño tiene necesidad de la proximidad física y sensorial para sentirse seguro. Debe tocar a su figura de apego, mirarla, apretujarse contra ella, sentirla y oírla a fin de incorporarla en los circuitos cerebrales de su memoria y de sus emociones. Sólo entonces tendrá la posibilidad de alejarse más tarde y llevarla consigo, en su mundo íntimo. Las personas de edad, en cambio, recobran esta impronta cuando se representan su pasado y tienen internalizada esa figura tranquilizadora. Durante décadas adquirieron el hábito de responder a su representación mucho más que a su percepción: «¡Si mi padre me viera!». Es por ello que estas personas no suelen tener ninguna dificultad para responder a Dios.

Ninguno de nuestros hijos cree en Dios el día de su nacimiento. Ni siquiera cuando comienza a hablar y su lenguaje sólo puede designar, piensa todavía en Dios. Sólo cuando su lenguaje llega a expresar representaciones, el niño alcanza la capacidad de responder a algo totalmente ausente: la muerte. Antes de los seis años, la palabra «muerte» evoca una región lejana, un más allá celeste. Algunos años después, el niño se dice que la muerte es un más allá no representable puesto que, en vida, no es posible tener esa experiencia. Sólo se la puede imaginar como un vacío, un lugar exterior, el infinito después de la vida. Para no sentir un vértigo angustioso, es necesario pues llenar esa nada. El niño únicamente adopta las creencias de sus figuras de apego cuando ha desarrollado bien su empatía y siente el deseo de compartir la fe de quienes ama. Así es como reencontramos el esquema de los primeros vínculos: «Cuando el mundo que percibo me aterra, me refugio en el cuerpo de la persona que me da seguridad», podría decir el bebé. Más tarde, al envejecer, dirá: «Cuando el mundo exterior me aterra, me refugio en las representaciones de quienes todavía me hacen sentir seguro». Los ancianos pueblan lo infinito no representable con lugares de oración, ritos, catedrales, templos, mezquitas, cánticos, palabras, gestos, vestidos, actitudes, objetos de culto, olores, notas musicales, relatos, conversaciones y recitados. Todos esos significantes percibidos llenan el vacío infinito con representantes que evocan lo no representable: la instancia todopoderosa que da muerte después de haber dado vida. Esos teatros místicos cuyas puestas en escena difieren según las culturas explican la geografía de las creencias, los continentes musulmanes y los continentes cristianos, los barrios, las familias donde cada uno internaliza una manera de creer en Dios que lo apega a aquellos con quienes comparte una creencia. Ellos nos ofrecen una base de seguridad que lucha contra la angustia de la muerte disponiendo algunos monumentos, algunos objetos o melopeas que evocan lo no representable. Esta actitud espiritual reproduce el procedimiento del lenguaje, que pone en lo real un significante con el propósito de evocar un significado imposible de percibir.

Morir no es perder la vida

Todo lo dicho permite comprender por qué la representación de «morir» se asocia con la de «perder la vida», pero al mismo tiempo se diferencia de ella. La idea de morir implica anticipar la nada, implica el concepto de no sufrir después de la vida. Sólo los que aman a Dios con ambivalencia piensan que puede llevarlos o bien al infierno o bien al paraíso. Éstos imaginan el más allá como un terrible terreno desconocido. Pero quienes aman a Dios de un modo seguro experimentan el sentimiento de que después de la muerte no se sufre más de lo que se sufría antes de la vida. Hay un más allá; eso es todo, un sitio difícil de imaginar, pero que uno puede llenar con imágenes y signos.

Perder la vida es algo diferente. Es separarse de aquellos a los que uno ama, es perder la casa que con tanto esfuerzo logramos tener, es perder los paisajes en los que hemos vivido, es perder la propia historia, como si ésta nunca hubiera ocurrido, es descalificar los momentos de felicidad, los sueños y los sufrimientos que habíamos aceptado por el mero hecho de estar vivos. ¿Todo eso para nada? ¡Es demasiado doloroso!

Uno ama a Dios como ama a los hombres cuando los percibe como una base de seguridad. Y lo ama más que a los hombres cuando éstos lo hacen sufrir o cuando ha establecido con ellos vínculos distantes o ambivalentes. En general, es un Dios de amor que proporciona el placer de un vínculo maternal tranquilizador y alegre que justificaría la plegaria: «Madre de Dios que estás en los cielos».

Pero puede ocurrir que ese amor se vuelva mórbido. Uno puede amar al Todopoderoso o detestarlo cuando nos hace sufrir o nos abandona. La existencia de Auschwitz es la prueba de que Dios no existe. Cuando alguien piensa así, se aparta de Él pues, al no tener ya fuerzas para vivir, no experimenta el placer de amarlo. Y a veces hasta puede llegar a adorarlo de manera odiosa cuando el impulso hacia Él, separado de lo real, legitima el odio del cuerpo, de la belleza y de los placeres, como lo hicieron los católicos de la Inquisición en el pasado y lo hacen hoy los talibanes. Este sentimiento sublime enfermizo, que considera podredumbre todo lo que es de este mundo, inventa una condición humana en la que la vida es odiable. Hay que morir por Él y, si es necesario, hay que matar para poder ganarse el derecho de compartir con Él ese más allá invisible. Ese dios mórbido es un arma para los tiranos, quienes, en su nombre, exigen que su pueblo se someta, esté dispuesto a matar y a matarse por un ideal de pureza que ningún rastro de felicidad habrá de manchar. Ese dios tiránico organiza la complaciente solidaridad de quienes le obedecen «a muerte» y conduce como a un solo hombre a su grupo de adoradores, los cuales deben ignorar, despreciar y hasta eliminar a los integrantes de otros grupos que no creen en el mismo dios.

Si admitimos que Dios tiene un efecto psicológico comparable a una base de seguridad internalizada[39] y que necesitamos tener miedo para poder experimentar la felicidad de amar a aquel que nos da seguridad, volvemos a encontrarnos con la asociación del par de opuestos: lo desconocido que aterra y aumenta el efecto de seguridad de lo conocido que reconforta. En los ancianos, el par de opuestos está constituido por el miedo a morir y a encontrar lo desconocido, asociado al temor de perder la vida y quedar separado para siempre de su mundo familiar. Las ideas de morir y de perder la vida asocian un par de sentimientos: una idea aterra y la otra desespera. Pero cuando la persona de edad avanzada puede sentirse segura apelando a una representación divina y cuando su grupo humano le proporciona los elementos rituales que lo capacitan para soportar la pérdida, el anciano puede abrirse un camino a la espiritualidad que transfigura lo real.

Si las personas de edad sufren la angustia de la pérdida más que la idea de su propia muerte, ello probablemente se daba a que el envejecimiento del cerebro y la representación del tiempo del anciano permiten que las improntas del pasado resurjan al plano de la conciencia. La neuropsicología de la música permite demostrar este palimpsesto de la memoria en el que las primeras huellas se expresan más intensamente que las recientes.

Interdicción de la neuromusicología

Las herramientas nos proporcionan archivos sólidos que ayudan a comprender en qué medida esos objetos propul-

---

39. Fraley, R. C. y Shaver, P. R., «Loss and bereavement: Attachment theory and recent controversies concerning grief work and the nature of detachment», en J. Cassidy y P. R. Shaver (comps.), *op. cit.*, págs. 735-759.

saron la aventura humana. Hace tres millones de años, los trozos de sílex sabiamente tallados deben habernos infundido un sentimiento de seguridad al transformarse en armas que podían lanzarse contra los animales o en herramientas que nos permitían obrar sobre la naturaleza y comenzar a dominarla. Con el tiempo se abrieron talleres de aprendizaje profesional para enseñar a los jóvenes a tallar las piedras. Esa artesanía transformó la vida cotidiana gracias a la caza de presas pequeñas, al raspado de las pieles de los animales muertos y al sentimiento de protección que suscitaba. Mucho después, hace quinientos mil años, el descubrimiento del fuego constituyó otra revolución del arte de vivir cuyos vestigios encontramos todavía hoy en los hogares. Hace cuarenta mil años aparecieron las pinturas rupestres, una prueba de que nuestros antepasados sabían actuar no sólo sobre lo real, sino también sobre el alma de los hombres.

En el caso de la música, los archivos no son tan precisos. Parece que el señor Neandertal tocaba en pequeñas orquestas de flautas de huesos y tamboriles. Estos archeomúsicos debían interpretar sus composiciones en el momento en que sus compañeros depositaban al difunto cubierto de pétalos de flores en su sepultura de guijarros coloreados, mientras todo el grupo lloraba y entonaba sus plegarias. Este teatro de la muerte permite plantear el problema de la neuropsicología de la música. Los hombres de Neandertal, que no tenían exactamente el mismo cerebro que nosotros –un pequeño lóbulo prefrontal y un gran «rodete» occipital–, sabían construir utensilios, hacer música y pronunciar palabras. Lo cual equivale a decir que estructuras cerebrales diferentes de la nuestra pueden oír música y no sólo ruidos. Gracias a este artificio, los artistas ponen en escena una tragedia cuya función es sincronizar las emociones del grupo y poner a la luz de la conciencia un acontecimiento, con el propósito de que, a partir de entonces, adquiera sentido.

Veamos de qué manera la música neandertalesa podría plantear el problema. El lector se sorprenderá al enterarse de que esta cuestión estuvo prohibida durante mucho tiempo. La preocupación por los orígenes es un peso pesado de la ideología. Si aceptamos la idea de que el señor Neandertal, a pesar de su cerebro, su aparato fónico y su biología diferentes, era capaz de producir palabras y música y expresar su espiritualidad, su desaparición plantea un problema moral.[40]

En 1866, la Sociedad Lingüística de París prohibió toda investigación sobre el origen del lenguaje y recomendó estudiar únicamente las lenguas civilizadas.[41] Imaginemos que alguien lograra demostrar que el lenguaje tiene sus raíces en la materia del cerebro; tal conocimiento mancillaría su origen inmaterial, divino, y nos sugeriría que los no hombres tienen un alma cuya prueba es el verbo. Entre los no hombres se clasificaba a los negros, los gorilas y algunos extranjeros insoportables. Gracias a esta prohibición sólo el hombre, nuestro prójimo, conservaba su naturaleza sobrenatural. Las investigaciones sobre los orígenes de la música también fueron consideradas tabú por razones análogas. El dogma de la época afirmaba que la única música natural era la occidental y que la música de las demás culturas era primitiva o degenerada.

Un hombre sin lengua ni música es inconcebible. Pero puesto que cerebros con estructuras diferentes pueden producir representaciones abstractas y artísticas, habrá que admitir que es posible una música sin hombres.

---

40. Trinkaus, E. y Shipman, P., *Les hommes de Neandertal*, Seuil, París, 1996, pág. 27.

41. Quillier, P., «Dramaturgie du vertige: l'origine d langage» en J. Trabant (comp.), *Origins of Language*, Colloquium, Budapest, 1996.

Por una zoomusicología

Si consideramos que la música es el arte de combinar los sonidos en altura, intensidad, frecuencia, duración y silencios que organizan series, podemos admitir que los gritos de los animales componen una música. Un zoomusicólogo[42] señala que los animales no fabrican instrumentos, no escriben partituras ni cobran entrada para escuchar los conciertos que organizan al aire libre. No obstante, muchas especies combinan los sonidos que emiten. Los arrullos de lucimiento sexual de una paloma macho que se pavonea y de una hembra que se acuclilla y separa las alas fueron preparados por secuencias de cantos previos. La organización sonora hasta puede designar un objeto o una situación. El macho Tyranus Tyranus (ave de América del Norte) a veces emite un grito cuya arquitectura sonora sólo se presenta ante un objeto nuevo;[43] de lo contrario, emite los gritos de rutina.

Entre los pinzones, el canto adulto dura dos segundos y medio, está compuesto por sonidos comprendidos entre los dos y los seis kilohercios y dividido en tres motivos de varias notas que terminan con una *fioritura*. Un pinzón pequeño criado en aislamiento conserva esta organización sonora pero, privado del modelo auditivo, divide mal su trino y nunca termina con la *fioritura* que algunos llaman la «firma cantada». Este aspecto funcional del canto de las aves y de los monos gibones nos permite explicar las polifonías entre vecinos. No es raro que aves, monos o animales de especies

---

42. Entrevista con François-Bernard Mâche, «La musique n'est pas le propre de l'homme», *La Recherche*, fuera de serie, n.º 4, noviembre de 2000.

43. Cosnier, J., Coulon, J., Berrendonner, A. y Orecchioni, C., *Les voies du langage. Communications verbales, gestuelles et animales*, Dunod, París, prefacio de D. Anzieu donde el autor explica que la melodía de la voz materna desempeña un papel fundador en la constitución del Yo-Piel del pequeño, 1982, págs. 12-13.

diferentes armonicen sus cantos, independientemente de toda necesidad de reproducción, de marcación de territorio o de agresividad. ¿Podría el placer explicar por sí solo los repertorios variados, inventados, sorprendentes y totalmente inútiles salvo por su valor estético?[44]

La aptitud para cantar depende de una transacción entre un sistema nervioso que posee una habilidad y el ambiente que lo rodea, que lo transforma en actuación. Un gallo que quedara sordo al nacer canta del mismo modo que cualquier gallo adulto. Su sistema nervioso no tiene necesidad de un modelo para aprender, mientras que un pardillo criado por otra especie aprende a cantar como sus padres adoptivos. Una gaviota marsellesa lanza un *staccato* triunfal cuando consigue algún éxito en sus relaciones, o bien echando a un congénere para ocupar su lugar, o bien expresando su satisfacción después de un encuentro sexual. Pero cuando uno compara su canto de triunfo con el de una gaviota inglesa, puede comprobar fácilmente que la imagen sonora de sus «tirolesas» muestran dos arquitecturas estridentes diferentes,[45] como si no tuvieran el mismo acento. La misma aptitud neurológica adquiere formas variables según los diversos ambientes. Esta comprobación prueba la plasticidad del sistema nervioso de las aves, modelado por los cánticos que lo rodean, como un cerebro humano se va modelando en virtud de las palabras y los gestos en los que está inmerso.

---

44. Entrevista con François-Bernard Mâche, «La musique n'est pas le propre de l'homme», *op. cit.* y coloquio de Mouans-Sartoux, P. Charbit, director, septiembre de 2004.
45. Eibl-Eibesfeldt, I., *Éthologie. Biologie du comportement*, Éditions Scientifiques, París, 1972, pág. 242.

Cómo la música modela el cerebro humano

Esta incursión en la etología animal enseña que, en la evolución del mundo vivo, la música precede al lenguaje. Lo mismo puede decirse del desarrollo de un niño que, desde el décimo mes, baila al escuchar una música, mientras aún no consigue dominar su lengua. Cuando un bebé llega al mundo, la verbalidad que lo rodea constituye un ámbito sensorial del que tiende a escoger las bajas frecuencias, que percibe como una caricia. En ese estadio de su desarrollo, las palabras son todavía objetos sensoriales, pero a partir del primer año comienza a percibir y a dar prioridad a los fonemas de la lengua que escucha a su alrededor. Por lo tanto, durante toda la vida, oirá las palabras de su lengua materna con más precisión que todas las demás palabras, como si aquéllas fueran más sonoras, se recortaran más claramente, fueran más prominentes y se comprendieran más fácilmente. Del mismo modo, estéticamente, durante toda la vida percibirá mejor la música de su infancia, la cual desencadenará emociones más vivas que cualquier otra música.

La articulación entre el sistema nervioso y su medio permite comprender por qué las negociaciones son variables. La música de los seres humanos corresponde al esquema de las gaviotas que toman el acento de su ambiente pero que cantan siempre en el lenguaje «gaviota». Para crear una sensación de acontecimiento, es necesario que los modos musicales cambien, si bien estas novedades incesantes no impiden que exista un programa común a todos los seres humanos. Los cánticos a tres voces en los que una permanece inmóvil mientras las otras dos encadenan los intervalos de cinco notas aparecieron independientemente en gran cantidad de culturas: los peuil bororo del Níger, los paiwan de Taiwán, los nago de Assam, los albaneses y probablemente otros gru-

---

46. Entrevista con François-Bernard Mâche, *op. cit.*

pos descubrieron la misma estructura musical aun cuando nunca tuvieron la posibilidad de encontrarse e influirse recíprocamente.[46]

La música siempre ha sido estudiada como manifestación cultural, lo cual indudablemente es, pero ello no excluye que también se la estudie desde el punto de vista de la organización de las estructuras cerebrales. Algunos pequeños accidentes cerebrales a veces producen minúsculas disecciones neurológicas que van a permitir analizar la neuromusicología. Lo que llamamos el lenguaje musical es diferente del lenguaje hablado, aun cuando con frecuencia uno desea asociarlos.[47]

En general, escuchamos música con el hemisferio derecho y tocamos un instrumento con el hemisferio izquierdo. Esto explica por qué los no músicos tienden a escuchar con el oído izquierdo, que conduce las informaciones musicales hacia el hemisferio derecho, mientras que los instrumentistas escuchan con los dos oídos.[48] La prosodia, la melodía de las palabras, revela fácilmente si el locutor se aburre o si está interesado, si lee poesía o el reglamento del tren subterráneo parisino. La percepción de las palabras es diferente porque el oído y el cerebro analizan claramente la intensidad, el tiempo, el ritmo y todos los componentes biofísicos de la voz. Y, sin embargo, ciertos imitadores consiguen reproducir la prosodia de una lengua de la que no hablan una palabra: uno diferencia sin problemas la melodía vocal de un chino de la de un árabe o la de un inglés. Hasta los bebés de pecho, desde el décimo mes, comienzan a balbucear con la melodía que caracteriza su lengua.[49] Y los afásicos en proceso de cura tienen dificultades para pronunciar las palabras con la melodía con

---

47. Botez, M. I. (comp.), *op. cit.*, pág. 338.
48. Wagner, M. T. y Hannon, R., «Hemispheric asymetries in faculty and student musicians and non musicians during melody recognition», *Task, Brain Long,* 13, 1981, págs. 379-388.
49. Boysson-Bardies B. de, *Comment la parole vient aux enfants*, Odile Jacob, París, 1996, págs. 119-121.

que hablaban antes del accidente. Es frecuente la asociación entre las palabras y su música puesto que brujos y sacerdotes se sirven de ella para inventar prosodias extrañas como los cantos gregorianos, el tono de los oráculos o las plegarias religiosas.

El cerebro es lo que establece la diferencia entre la música y el canturreo de las palabras. La red de neuronas que crea la sensación musical transmite las informaciones sonoras hacia diferentes zonas formando circuitos: cuando uno escucha música, el giro temporal derecho se enciende y se conecta con el lóbulo prefrontal derecho.* Las neuronas de estos circuitos perciben preferentemente el contorno agudo de los sonidos de las notas de música y de la interacción de las palabras. El ritmo se percibe claramente gracias a la alternancia de los silencios y los ataques de sonidos, pero «las localizaciones en el cerebro de los músicos y de los no músicos»[50] no son iguales. Las imágenes neurológicas obtenidas de un pianista que está tocando muestra un fuerte consumo de energía del hemisferio izquierdo del cerebro. En el momento en que ve las notas, la lectura de la partitura ilumina su cerebro occipital que trata las informaciones de la imagen.* Cuando se apresta a tocar, su anticipación motriz enciende la zona frontal ascendente, que enviará las órdenes a los músculos de las manos. Y cuando pasa al acto, el simple hecho de tocar las teclas ilumina la zona motriz suplementaria que se conecta con los circuitos profundos de la memoria. El pianista ha armonizado varias capacidades cerebrales presentes, pasadas y futuras, sólo para producir algunas notas de música. Cuando cada día repite este ejercicio, termina por construir-

---

50. Peretz, J., «Les bases biologiques de la musique», en E. Dupoux (comp.), *Les langages du cerveau*, Odile Jacob, París, 2002, pág. 432.

51. Sergent, J., Zuck, E., Terria, H. S. y McDonald, B., «Distributed neural network underlying musical sight-reading and keyboard performance», *Science*, 257, 1992, págs. 106-109.

se un lóbulo temporal izquierdo alrededor de la zona del lenguaje tres o cuatro veces más amplio que el de la población general.[51] Una música etérea, abstracta, producida por una cultura, terminó por implantarse en el cerebro y por hipertrofiar una parte.

Músicas o palabras

No todos los seres humanos son sensibles a las informaciones musicales que planean en su cultura. Ciertas personas no entienden la música: hay amúsicos, así como hay disléxicos que no leen la escritura. Para estas personas, la música es un ruido particular que las deja indiferentes o hasta les molesta. Siempre se cita el ejemplo de ese general que, después de un pequeño accidente vascular de su región auditiva derecha, ya no podía reconocer *La Marsellesa* y debía confiar en la bandera y en las señales que le hacían los demás militares para ponerse en posición de guardia. El Che Guevara, en un continente donde la música es un valor supremo, se sorprendía de que sus amigos le atribuyeran tanta importancia y confesaba que no conseguía diferenciar un aria de *La Walkiria* y un tango de los bajos fondos. La señora Brauner me contó que sus padres, ricos vieneses cultivados de la década de 1930, invitaban a Sigmund Freud a los conciertos que ofrecían en su gran apartamento.[52] El profesor se sentaba en el sillón que le había sido asignado, en primera fila, y hablaba en voz alta o reía a carcajadas mientras la orquesta trataba de tocar delicadamente. Cuando la señora Brauner sugirió que no se hiciera ruido, el buen doctor, con toda delicadeza, afirmó que la orquesta no le molestaba, que él podía continuar hablando

52. Brauner, A., Brauner, F., *Dessins d'enfants de la guerre d'Espagne*, Saint-Mandé, Groupement de recherches pratiques pour l'enfance, (Asociación de investigaciones prácticas para la infancia), 1976.

perfectamente. Sigmund confesó que lo que le interesaba de óperas como *Don Giovanni* o *Carmen* era el problema del vicio y de la virtud o el del amor no correspondido y no la forma musical y su efecto estético.[53]

Quienes adolecen de una negación congénita para la música en realidad no sufren por ello. Los daltónicos no se sienten afligidos por no percibir el color rojo ni por confundirlo con el pardo y ninguno de nosotros se tortura a causa de su incapacidad para percibir los ultravioletas. Los «amúsicos» oyen la música como si fuera una lengua extranjera, eso es todo.

Freud y el Che Guevara probablemente no poseyeran el circuito neuromusical puesto que ambos habían estado inmersos en la música de sus culturas y, sin embargo, ésta no les había hecho ninguna impresión ni les había dejado ningún surco en la memoria. Los amúsicos no sólo tienen vedado el acceso a ese gran placer, sino que además se privan de un maravilloso tranquilizante. La mayor parte de los ansiosos «se llenan de música», como dicen. Se la implantan en el medio de la cabeza para dejarse capturar por ella y, de ese modo, no pensar. Muchos dentistas la utilizan a manera de relajante y, durante siglos, los militares se apropiaron del espíritu de sus propios soldados hipnotizándolos con el repicar de los tambores, el sonido de los pífanos y los cobres que, magnetizando la marcha de paso rítmico, conquistaba sus espíritus y los protegía del miedo.

Hay un circuito previo de las zonas musicales del cerebro, situadas un poco por detrás de las zonas auditivas, que explica por qué a los sordos les gusta bailar siguiendo un aire musical que perciben como un contacto, una vibración más o menos intensa. «Un isleño del Pacífico, un cantante de ópera chino y un fanático del rap» perciben la música en esas zonas auditivas. Pueden discernir «el contorno agudo del sonido que hace intervenir el lado derecho del cerebro, la región del

---

53. Gay, P., *Freud. Une vie, op. cit.*, págs. 193-196.

giro temporal superior y la región frontal»,*⁵⁴ como lo muestran las neuroimágenes.

La comprobación clínica de auras musicales confirma la existencia de las redes neuronales de la música. Suele ocurrir que una crisis de epilepsia se anuncie mediante una alucinación musical. El enfermo, súbitamente, oye una música porque las neuronas de su zona temporal posterior derecha emiten intensas descargas eléctricas que estimulan la memoria de músicas oídas anteriormente. Esta alucinación musical le advierte que en cuanto la descarga eléctrica se difumine habrá de perder el conocimiento.

La existencia de dificultades selectivas precisas, como la imposibilidad de repetir las palabras de una canción, la alteración del ritmo mientras uno percibe la melodía, la incapacidad para escribir la música cuando uno aún puede leerla, son muestras de «disecciones» clínicas que llevan a pensar que los soportes neurológicos de la música están cercanos a los del lenguaje pero no son los del lenguaje.

Extrañas memorias musicales

Hay ciertas formas de autismo que ilustran esta distinción, son aquellas en las que el paciente tiene una memoria musical prodigiosa aunque no pueda comprender ni expresar ni una palabra.[55]

El síndrome de Williams es una enfermedad determinada genéticamente por una microsupresión en el cromosoma 7. El niño tiene el aspecto de un duende, muy pequeño, con

---

54. Peretz, I, «Les bases biologiques de la musique», en E. Dupoux (comp.), *op. cit.*, pág. 435.
55. Heaton, P., Hermelin, B. y Pring, L., «Autism and pitch processing: a precursor for savant musical ability?», *Music Perception*, 15, 1998, págs. 291-305.

una frente ancha, la boca grande, una nariz en forma de trompeta y un iris estrellado. Estos niños son alegres, anormalmente sociables, se apegan a cualquiera y canturrean sin cesar. El flujo de palabras es abundante y curiosamente elaborado, lo cual contrasta con un cociente intelectual reducido. Los sonidos son un componente esencial de su mundo sensorial: se sobresaltan ante cualquier ruido, miran largamente a la gente cuando habla y son capaces de repetir a la perfección un disco de música que oyeron una sola vez.[56]

El síndrome de Asperger se manifiesta de manera completamente opuesta a la anterior. En esta forma clínica de autismo, las personas revelan una increíble aptitud para el lenguaje: pueden aprender varias lenguas extranjeras en unos pocos meses y hablarlas sin acento, pero no se interesan absolutamente por la música y la perciben como un ruido de fondo.

Algunos circuitos del desarrollo neurológico crean aptitudes extrañas, incluso en personas que no son autistas y que, sin embargo, manifiestan una especial tendencia a experimentar curiosas sinestesias. Arthur Rimbaud, que hablaba de la «música sorda»,[57] ilustra el fenómeno de asociación de un sonido y un color en su poema «Vocales». «A negra, E blanca, I roja», en el cual la estimulación de una modalidad sensorial provoca la respuesta inesperada de otra modalidad. Huysmans creía que los armonios tenían un sabor, mientras que Boris Vian prefería el piano a los *cocktails*. Los grandes matemáticos gozarían del beneficio de estas sinestesias. Cuando uno le plantea un problema, el matemático genial queda flotando alrededor de la formulación escrita y, de

---

56. Bonvin, F. y Arheix, M., «Études du comportement vocal et langagier de deux sujets syndrome de Williams-Beuren», memoria para el diploma de la Universidad de Tolón, 2001; y Dambly, M. J. y Talbot C., «Syndrome de Williams», Congreso de Pediatría, Roma, 1999.

57. Rimbaud, *Rimbaud. Illuminations. L'œuvre manuscrite*, Bliblothèque de l'Image, 1998, pág. 18.

pronto, percibe una especie de gráfico en tres dimensiones. Luego, sólo tiene que traducir esa imagen, semejante a una cadena montañosa, al lenguaje matemático a fin de comunicar su comprensión súbita. Las neuroimágenes tomadas durante este esfuerzo intelectual muestran cómo se ilumina una conexión inesperada entre las zonas vecinas que habitualmente tratan las informaciones del espacio y las de las cantidades. El escáner ve cómo viran al rojo las zonas temporales superiores del giro fusiforme y del giro angular.* Esta «activación cruzada»,[58] esta sinestesia espacio-cantidad, explicaría el don especial de algunos matemáticos excepcionales. No es extraño que un músico declare sentir cierto sabor a chocolate en la boca cuando oye las primeras notas de un concierto, pero la mayor parte de ellos asocian los sonidos musicales con una sinfonía de colores.

El consumo de LSD crea extrañas sinestesias en las que la percepción del rostro se conecta súbitamente con la de los pies, como si el cuerpo no existiera, mientras se ilumina la amígdala rinoencefálica, testimonio de una llamarada emocional.[59] Las modificaciones de las sinapsis por efecto de esta droga explican por qué uno puede sentir terror viendo una flor u oír una música divina al escuchar el chirrido de los neumáticos de un automóvil.

El hecho de que cada uno oiga la música a su manera no impide que se formen familias de auditores: los que aman las canciones militares y los que las detestan, los que se dejan invadir por los ritmos del jazz y quienes se sienten irritados por esos mismos sonidos, los que se deleitan con la música clásica y otros que se adormecen escuchándola. Todos probablemente adquirimos estas preferencias sensoriales junto

---

58. Hubbard, E., «La synesthésie ou comment les neurones poétisent le monde», *Abstract Psychiatrie*, n.º 17, mayo de 2006.
59. Robertson, L. y Sagiu, N., *Synesthesia: Perspectives from Cognitive Neuroscience*, Oxford University Press, Oxford, 2005.

con las improntas precoces que formaron sus circuitos en las zonas correspondientes del cerebro.

¿Podríamos vivir sin música?

El baño musical temprano, al formar circuitos en ciertas zonas cerebrales precisas, nos hace sensibles a determinada música y este amor compartido une a las personas que adquirieron esas preferencias. Los que aman el jazz se reúnen con placer alrededor de este género musical que desde entonces cumple la función de organizar el grupo. Los individuos se identifican con sus ídolos, se adhieren a un estilo de vestirse, a una manera de hablar, de estar juntos y a menudo hasta de dirigir su existencia. Los raperos no se socializan del mismo modo que los seguidores del minué. Cada grupo, identificado por el amor de su música, inventa sus ritos de encuentros sociales y sexuales. La función de sincronización de las emociones que cumple la música, ocupa un lugar central en la elaboración del vínculo. El hecho de haber cantado juntos crea un sentimiento de intensa intimidad. Tener implantada en el cerebro cierta música hace que sea más fácil formar una pareja a través del baile y la sincronización de los deseos sexuales. Esa implantación ayuda también a organizar los grupos en reuniones artísticas o políticas.

Por todo ello, sorprende oír a ciertos investigadores que afirman que la música es inútil y que, si desapareciera, el hombre se adaptaría de todos modos a su ausencia.[60] Es verdad que, hace tres millones de años, el hombre hablaba muy poco. También es verdad que la especie humana vivió un largo período sin herramientas. También es verdad que los seres humanos acaban de descubrir la ciencia. ¿Debemos deducir de todo esto que el lenguaje, las herramientas

---

60. Pinker, S., *Comment fonctionne l'esprit*, Odile Jacob, París, 2000.

y la ciencia son inútiles porque el hombre pudo vivir antes sin ellos?

Freud y el Che pudieron vivir sin la música como los daltónicos pueden vivir sin el rojo. Pero cuando uno habla, cuando hace uso de las herramientas y aprovecha los adelantos de la ciencia, cuando percibe el color rojo, cuando siente un impulso erótico y cuando se socializa gracias a la música, sencillamente, vive mejor.

La canción participa del retorno del pasado cuando el menor sonsonete «traslada a cada uno a su propia historia».[61] La música de nuestra infancia, impregnada en el cerebro antes que la palabra, resurge en los años dorados y trae consigo el placer de la niñez. La canción infantil que nos cantaba nuestra madre nos vuelve a la memoria y mientras se la cantamos a nuestros nietos recobramos la felicidad provocada por la misma canción... setenta años antes.

Los aires populares son los jalones temporales de nuestra existencia. El estribillo *No, je ne regrette rien* me recuerda a Édith Piaf y la guerra de Argelia... *Only you*, de Paul Anka, me hace evocar las primeras inquietudes sexuales. Como la magdalena de Proust, «la canción permite retomar el hilo de un sueño»[62] y quitar el polvo de una identidad que se desdibuja. Los enfermos de Alzheimer que pierden el acceso a las palabras con frecuencia recuperan sorprendentemente vocablos que tarareaban a los veinte años. Una enferma que no podía comunicarse de otro modo que no fuera emitiendo una sucesión automática de sílabas: «takapeu... takapeu... takapeu...», oye tararear «"*Je deux amours, mon pays et Paris...*" y, delante de su marido estupefacto, encadena todas las palabras ¡hasta el final de la canción!».[63] El cuento del lobo feroz

---

61. Barbara, *Il était un piano noir. Mémoires interrompus*, Fayard, París, 1998.

62. Beuchot, B., «Quand les souvenirs viennent en chantant», *Le Journal des psychologues*, n.º 209, julio-agosto de 2003.

63. Cyrulnik, B., Colin, J. y Delage, M., grabaciones en el domicilio.

despierta la emoción de la dulce protección materna; *Ne me quitte pas* hace resurgir la imagen de un período en el que todo era intenso, tanto la felicidad como la tristeza.[64]

«Estos retornos al plano de la conciencia de recuerdos idos nos invitan a reflexionar sobre la vejez atendiendo a otros aspectos que no tienen que ver con la extinción.»[65] En efecto, la aptitud musical puede servir de disparador para una memoria declinante[66] como vimos en el caso de *J'ai deux amours*, en el que cada palabra llama a la siguiente y, al hacer reaparecer la canción completa, cambia la mirada del marido y la autoestima de la paciente.

En los enfermos de Alzheimer, la música, implantada en el cerebro mucho antes de que el niño aprenda a hablar, permanece durante largo tiempo después de que las palabras han desaparecido. Continúa estando allí, calmante y hasta socializante, pues basta hacerle escuchar al enfermo una sesión de treinta minutos para que desaparezca la agresión y el paciente deje de deambular.[67]

Más tarde, cuando hayan desaparecido todas las palabras, también la música se apagará y el paciente, al no poder habitar ya el mundo de las representaciones lejanas, volverá a someterse a la inmediatez de las funciones de supervivencia: beber, comer, dormir y gritar para llenar su mundo vacío de humanidad.

---

64. Beuchot, B., «Utilisation psychanalytique de l'évocation de souvenirs chez les malades d'Alzheimer», *Le Journal des psychologues*, n.° 209, julio-agosto de 2003.

65. Ploton, L., *La maladie d'Alzheimer, à l'écoute d'un langage*, Chronique sociale, Lyon, 1996, pág. 57.

66. Aldridge, D., «De la musique en tant que thérapie dans la maladie d'Alzheimer», *Alzheimer Actualités*, n.° 99, mayo de 1995.

67. Fitzgerald-Cloutier, M. L., «The use of music therapy to decrease wandering: an alternative to restraints», *Music Therapy Perspectives* vol. 11, 1993, págs. 32-36.

Vejez y cultura

El mal de Alzheimer es un enfermedad de mujeres puesto que el 80 por ciento de las personas que lo padecen son mujeres y también el 80 por ciento de quienes ayudan a estos enfermos pertenecen al sexo femenino.[68] La existencia de lesiones químicas, la objetivación de regiones cerebrales que hoy pueden verse en imágenes, el análisis clínico de los trastornos del comportamiento, la desorientación en el espacio y el tiempo la desemantización progresiva del mundo no bastan para explicar toda la enfermedad. La respuesta familiar a la tragedia médica y la manera en que se refiera a ella la cultura participan de la producción misma de los síntomas.

Las familias quedan desgarradas y la manera en que reaccionen a la enfermedad depende de la historia que hayan tenido con el pariente enfermo.[69] La actitud no consciente del ayudante modifica los síntomas del enfermo. Cuando, en una situación de conversación, una lingüista observa las interacciones entre una mujer y su marido que sufre del mal de Alzheimer, advierte claramente que la empatía de la ayudante disminuye los síntomas del marido enfermo: le da la palabra, se calla cuando él intenta decir algo y lo acompaña con los gestos.[70]

También el mito organiza las interacciones con el enfermo, según el relato que la cultura hace de esta situación difícil. El

---

68. Héritier, F., «L'aide aux aidants: l'apport de la recherche médico-sociale», actas del coloquio de la Fundación Mederic-Alzheimer, 2003, pág. 6.

69. Arfeux-Vaucher, G., Dorangen, M., Dival, J.-C. y Gaussens, J., «Le dit et le non-dit entre les générations, au sein des familles ayant une personne psychiquement dépendante», en «L'aide aux aideurs, l'apport de la recherche médico-sociale», *op. cit.*, pág. 18.

70. Maury-Rouan, Cl., «Résilience et empathie: la présence de l'autre dans la conduite du discours», grupo de investigación y de reflexión «Biología del apego», Ardix, Lyon, 30 de mayo de 2006.

peso de la palabra «demencia» provoca metáforas negativas, de locura, de degeneración y de repudio inducidas por la cultura occidental. El paisaje verbal organiza los comportamientos y estructura los significantes que rodean al enfermo, con lo cual terminan participando de la expresión de sus trastornos.[71] El mito del medicamento mejora los síntomas, a veces actuando sobre la biología del enfermo y, con frecuencia, desculpabilizando a los que lo atienden y tranquilizando a los parientes.[72]

Otras culturas, al concebir la enfermedad de una manera diferente, organizan otras reacciones de las personas que rodean al paciente y esto modifica sus síntomas. Un neurólogo indio no comprende lo que dice un neurólogo occidental: «¿Afirma usted que un anciano cuesta mucho dinero y que la familia está indignada por el precio que debe pagar? En la India, decimos que es una vergüenza para la familia no pagar... Ustedes dicen que la persona de edad pierde sus capacidades. En la India, no podemos comprender eso porque no nos interesa el rendimiento de un anciano».[73]

En una cultura que tiene una concepción lineal del tiempo, como vemos en los relatos cristianos según los cuales, después de la muerte, vamos a vivir a otra parte o en las sociedades en las que la ideología cientificista lineal sostiene que una sola causa provoca un solo efecto, la vejez es una decadencia antes de la podredumbre terrestre. Pero en una cultura en la que se considera que el tiempo regresa, la vejez sólo representa un momento de ese ciclo.[74] La senectud no

71. Sontag, S., *La maladie comme métaphore*, Seuil, París, 1979.
72. Ngatcha-Ribert, L., «Maladie d'Alzheimer et société: una analyse des représentations sociales», *Psycho-Neuro-Psychiatrie du vieillissement*, vol. 2, n.º 1, 2004, pág. 54.
73. Cohen, L., «Alzheimer: cerveau sans mémoire», *La Recherche*, 10, 2003.
74. Godelier, M., «De la vieillesse magnifique à la vieillesse marginalisée et même expulsée du monde des vivants», en *La Grande Âge de la vie*, Fundación Eisai, PUF, París, 2005.

puede ser un naufragio pues sólo hace falta esperar el retorno de la juventud. Cuando, en Francia, el palimpsesto de la memoria hace revivir los temores de la Segunda Guerra Mundial y la madre de ochenta y cinco años exclama: «Los oigo, son los soldados alemanes que suben la escalera», quienes están con ella se indignan y tratan de corregirla, porque lo que la anciana dice no es verdad: «Pero ¿qué dices, mamá? ¡La guerra terminó hace sesenta años!». Y la madre se siente incomprendida, abandonada a su temor. En Pekín, cuando una señora de ochenta y cinco años exclama: «¡Los japoneses! ¡Llegan los japoneses!», la familia, interesada, le pide que dé más detalles: «Cuéntanos, ¿cómo pasó?».[75] En un mito de tiempo cíclico, los viejos no pueden degenerar: nadie se siente enfermo porque ya no puede correr los cien metros tan rápidamente como cuando tenía veinte años. Ser viejo no significa ser anormal. En Oriente, uno no regresa a la infancia, se remonta hasta ella para volver a la vida en el estado de un bebé.

Puesto que todo, nuestro medio, nuestra biología y nuestra historia, cambia sin cesar, estamos obligados a realizar incesantes transacciones con las estrellas de la constelación que rodean al sujeto para convertirlo en lo que es, en ese momento preciso, en esa cultura particular.

---

75. Lupu, F., «Le vieux Chinois peut-il être malade?», simposio Janssen-Cilag, «La Maladie d'Alzheimer», Cannes, 12 de marzo de 2006.

MORALEJA
DE LA HISTORIA

La moraleja de esta historia es que no hay nada que elegir. Durante milenios nos dijeron: «Elige tu campo de acción: el cuerpo o el alma». Y luego debíamos combatir contra los que se habían alistado en el campo contrario.

Los combatientes agrupados bajo el noble estandarte del alma despreciaban a los adoradores de la materia, que mancillaban la condición humana. A fuerza de abstracciones, se transformaron en integristas del alma que tratan de suprimir a los exploradores del cuerpo.

Mientras tanto, los defensores de la causa del cuerpo recitaban a voz en cuello algunas teorías biológicas hoy olvidadas. A fuerza de obtener medidas que les daban la ilusión de ser sabios, terminaron por denigrar a los agentes del espíritu con el rótulo de «preciosas ridículas».

Si bien los descubrimientos eran reales, tanto los biológicos como los psicológicos, el solo hecho de alistarse en un bando exigía limitar voluntariamente los conocimientos de cada uno. Era un buen negocio que permitía trabajar poco y hacer creer que uno sabía mucho de su especialidad. Se acumulaban las ideas, las experimentaciones y los argumentos eran cada vez más sólidos, verdaderos y defendibles, y así se construyó una fortaleza biológica de la cual fue expulsada el alma. Entre tanto, los oponentes describían un paraíso de pureza del cual se había desterrado la carne.

Para tener certezas, lo mejor es ser ignorante. Uno se siente fuerte, se alista en un campo que defiende una parte de la condición humana coherente, argumentada por libros, diplomas, movimientos de ideas y encuentros amistosos. Esta alienación no hace felices pues refuerza nuestros vínculos con aquellos que comparten la misma creencia.

Y lo que debió ser un debate científico se transforma en técnica de influencia cultural y de poderío político. El poder es el fin último del pensamiento único. Cuanto más se especializa uno, tantas más oportunidades tendrá de pertenecer al grupo de los mejores. Pero esta estrategia de dominación provoca un empobrecimiento del mundo. La ilusión de explicación que da la descripción de un metabolismo –«Se deprime porque su cerebro segrega menos serotonina»– puede ser combatida con armas igualmente eficaces por el diagnóstico que asesta una interpretación moralizante: «Está enfermo porque su madre es mortífera».

En esta estrategia del conocimiento, cuanto más claras parecen las ideas, menos verdaderas son. Pero tenemos los medios de hacerlas cambiar: «El principio dialógico significa que dos o más lógicas son diferentes y están ligadas».[1] El pensamiento complejo no es muy complicado. Hasta podríamos decir lo contrario, en el pensamiento único, cuando uno pertenece al grupo de los mejores especialistas del mundo en una enzima rara, experimenta la sensación de ser un iniciado en un saber que ningún otro comprende.

La actitud opuesta que integra disciplinas diferentes obstaculiza la evolución sectaria de todo poder que se fortalece excluyendo a sus rivales. Cuando uno procura abrazar las informaciones de naturaleza diferente en un mismo sistema, cada uno de los que participan se esfuerza para hacerse comprender. Esto no sólo es agradable, además hace surgir ideas imprevistas. Cuando un neurólogo se encuentra con un músico, los dos descubren que el arte modela una parte del cerebro; cuando un veterinario se une a una lingüista, entre los dos engendran un método que demuestra en qué medida la expresión de las emociones de un individuo impresiona las

---

1. Morin, E., *Penser l'Europe*, Gallimard, París, 1990, pág. 266.

emociones de otro; cuando un psicoanalista intercambia ideas con un químico, ambos descubren cómo la psicoterapia robustece el cerebro del analizado franqueando circuitos tranquilizadores.

Invitar a descubrir los hallazgos de los otros frena el dogmatismo espontáneo de toda disciplina que se erige en institución. En un grupo doctrinario, una única idea es buena: la del jefe que distribuye los puestos y los honores. Cuando el orden reina hasta tal punto, la vida intelectual se transforma en un recitado, en una añagaza de pensamiento.

Las neurociencias plantean a los psicólogos problemas de ficción científica: cómo un mórbido afectivo inventa una manera de vivir que lo lleva a la felicidad; cómo la organización perfecta de una sociedad se transforma en una fábrica de perfectos sádicos; cómo el urbanismo tecnológico atrae a los condenados de la Tierra que se instalan en las grandes ciudades con sus procesos arcaicos de socialización a través de la violencia y cómo este nuevo universo modela el cerebro de los niños que se desarrollan en él.

La conciencia ya no es lo que era. Las neuronas crean un vínculo biológico en el vacío entre dos personas; las nuevas galaxias afectivas esculpen formas extrañas con la arcilla maleable de nuestros cerebros; los determinantes humanos son tan numerosos y de naturaleza tan variada que la duración de una existencia apenas les da tiempo de emerger. Cada historia de vida es una aventura humana única.

Probablemente algún día las mejores condiciones de existencia que brindan la tecnología y los derechos del hombre hagan que la pareja y la familia sean innecesarias. En las épocas en que vivíamos en medios naturales poblados por animales que nos atacaban, cuando el frío nos torturaba y los desastres climáticos nos mataban de hambre, el grupo constituía el único refugio afectivo, el único lugar de seguridad que permitía sobrevivir. Desde que los progresos técnicos controlan estas catástrofes naturales y agregan otras, nuestras sociedades facilitan la expansión de los individuos hasta un punto en que el precio de la protección llega a ser exorbitante. Cuando se tiene menos necesidad de la familia, los niños bien desarrollados sienten el propio hogar como un lugar de represión y no ya de protección. Pierden así el efecto tranquilizador del apego y, a pesar de que se desempeñan mejor en muchos aspectos, se vuelven vulnerables ante el menor acontecimiento.[2]

Desde que dejó de ser sobrenatural el hombre ya no es sagrado. La tecnología modificó en tal medida la condición humana que terminó por naturalizar su alma. Quizás haya sido el hombre quien le dio a Dios el poder de brindarle seguridad modificando los circuitos biológicos de su cerebro. Desde que el hombre dejó de construir lo social con su sexo y sus músculos, su cuerpo ya no es un destino. Ya no hacemos el amor para traer un alma al mundo, sino para unirnos con otro y entretejer un vínculo íntimo. La valentía del padre o la violencia de los hombres ya no provocan la admiración de quienes se beneficiaban con ellas.

Cuando el mundo es cruel, la fuerza de un cuerpo permite afrontarlo, pero cuando la cultura lo dulcifica, lo que ayuda a socializarse es la bondad de un alma.[3]

«–Los ojos de mi alma y de mi cuerpo no tienen lenguajes diferentes...

–...mi cuerpo está hecho de tu arcilla.»[4]

Es por ello que sólo se puede vivir revestido de un manto de palabras.

---

2. Susanne C., Rebato, E. y Chiarelli, B. (comps.), *op. cit.*, pág. 669.
3. Shani, Y., citado en L. Joffrin, prefacio al *Dialogue interreligieux*, Dervy, París, 2003, pág. 12.
4. Aragon, *Le Fou d'Elsa*, Gallimard, «Poésie», París, 1963, pág. 160.

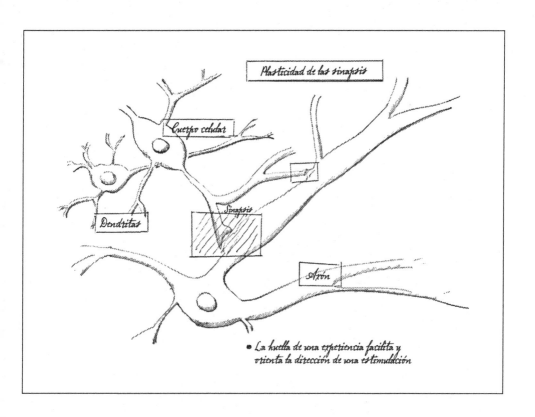

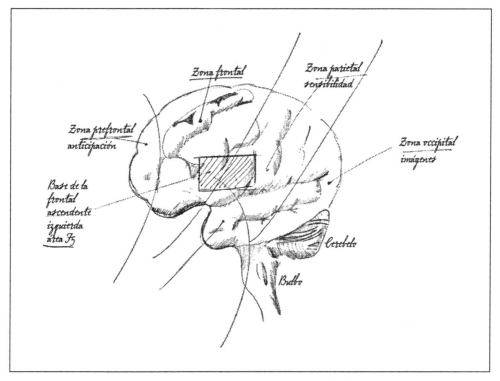

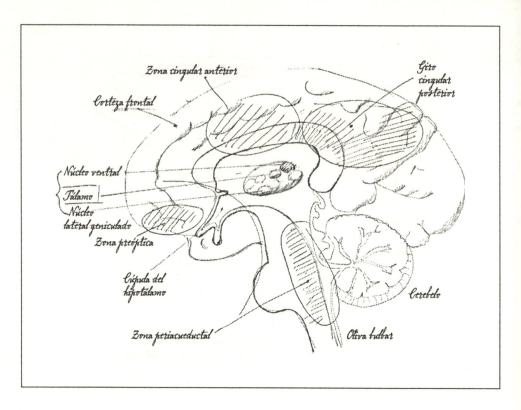

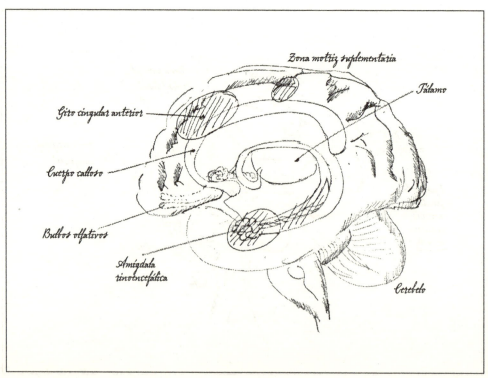